MARTIN KINTRUP

TASTY TOFU UND TEMPEH

Die besten Rezepte aus aller Welt

INHALT

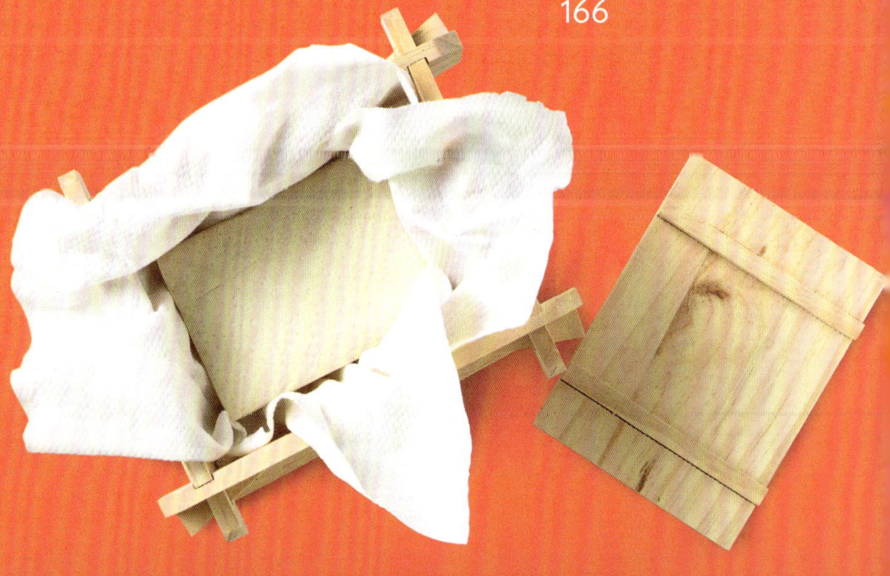

LIEBE LESER*INNEN,

willkommen in der Welt von Tofu und Tempeh! Ab jetzt wird es „tasty“, also wunderbar geschmackvoll. Das mag bei den relativ neutralen Sojablöcken verwundern. Warum also Tofu und Tempeh lieben lernen? Nun, beide sind wie leere Leinwände, die nur darauf warten, mit euren Lieblingsaromen und Gewürzen „bemalt“ zu werden. Sie lassen sich wunderbar marinieren oder nehmen ganz nebenbei beim Garen jeden gewünschten Geschmack auf. Das macht sie so vielseitig wie kaum ein anderes Lebensmittel. Und auch die Konsistenz variiert je nach Version: von seidig-zart bis knusprig-knackig. Gerade Tofu ist ein Meister der Anpassungsfähigkeit, quasi ein kulinarisches Chamäleon.

Trotzdem haben Tofu und Tempeh hierzulande immer noch einen zweifelhaften Ruf. Gerade Tofu gilt vielfach als geschmacklos, gummiartig und optisch unattraktiv. Diese Einschätzung habe ich einige Jahre sogar geteilt. Shame on me! Doch spätestens seit meiner ersten Misosuppe mit softem Tofu als Einlage oder knusprig gebratenem, zuvor mit Sojasauce, Ingwer und Knoblauch mariniertem festem Tofu weiß ich, dass sehr viel mehr in den unscheinbaren Blöcken steckt. Es ist also Zeit, mit den Vorurteilen aufzuräumen.

Verantwortlich für das Tofu-Bashing ist ein Missverständnis der westlichen Küche: Hierzulande hat der Tofu unglücklicherweise das Label „Fleischersatz“ verpasst bekommen, dabei sind weder Konsistenz noch Geschmack damit vergleichbar. Ein Blick nach Ostasien öffnet dagegen die Augen. In vielen Ländern und Regionen wird Tofu seit Jahrhunderten als wertvoller Eiweißspender und eigenständiges Lebensmittel anerkannt. Unterschiedlichste Varianten mit ganz speziellen Eigenschaften sind erhältlich und eine begehrte Zutat in einer Vielzahl von schmackhaften Gerichten. Diese sind nicht notwendigerweise vegetarisch oder vegan, vielfach wird Tofu auch mit Fleisch kombiniert, etwa beim berühmten Mapo-Tofu aus dem westchinesischen Sichuan (Seite 36 bis 39) oder mit Eiern, wie beim Tahu Telur (Seite 27) aus Indonesien. Vegane Gerichte sind natürlich auch in großer Zahl bekannt und beliebt. Sie sind mit markiert, vegetarische mit . Die zeigt die Arbeitszeit, die die Wartezeit.

In diesem Buch möchte ich beide Welten miteinander verbinden. Ich stelle zahlreiche ikonische Tofu- und Tempehgerichte aus Ost- und Südostasien vor und präsentiere bei vielen dieser Rezepte auf anschauliche Art den Hintergrund und die Entstehungsgeschichte. Gleichzeitig möchte ich zeigen, dass die beiden tollen Ts auch in der westlich geprägten Küche, in größtenteils veganen Rezepten, äußerst geschmackvoll präsentiert werden können. Mit Anleitungen zum Selbermachen unterschiedlichster Varianten werdet ihr zudem selber zu gefeierten „Tofu- & Tempeh-Artists“. Dieses Buch ist also eine Liebeserklärung an zwei unterschätzte Stars der Kulinarik, die mit ein bisschen Know-how und Fingerspitzengefühl im Handumdrehen von weißen Leinwänden zu aufregenden kleinen Kunstwerken werden können.

Viel Freude beim Stöbern und Nachkochen!

Seine Vergangenheit liegt im Dunkeln, doch die Zukunft ist glorreich: Der Proteinblock aus Soja hat schon so manches Hindernis überwunden und schleicht sich allmählich auch in die westlichen Herzen.

Tofu – Geschichte & Sorten

Tofu – eine kleine Geschichte

Irgendwo im heutigen Nordchina um das Jahr 600 könnten die Ursprünge des Tofus liegen: Eine pürierte Sojasuppe wurde mit unraffiniertem Meersalz gewürzt. Das darin enthaltene Magnesiumchlorid, das heute noch als Nigari für die Tofuproduktion genutzt wird, sorgte für eine Gerinnung des Soja-Eiweißes. Durch Abgießen der Brühe und leichtes Pressen der Eiweißmasse könnte der erste Tofublock entstanden sein. Diese Theorie der zufälligen Gerinnung gilt vielen als die wahrscheinlichste, die Technik könnte aber auch aus Indien oder der Mongolei nach China gelangt sein, wo Käse auf ähnliche Weise zubereitet wurde. Dass der südchinesische König und Philosoph Liu An schon vor über 2100 Jahren Sojamilch und Tofu für seine kranke, alte Mutter entwickelt hat, gehört dagegen eher ins Reich der Legenden. Insgesamt war es bis zur Entwicklung des Tofus ein weiter Weg, denn kaum eine Nutzpflanze wird vom Menschen länger angebaut als die Sojabohne *Glycine Max*. Erste Belege für die Nutzung der Wildform lassen sich bereits auf etwa 7000 v. Christus datieren. Seit rund 5000 Jahren wird die Zuchtform in Japan angebaut und verbreitete sich von dort erst nach Korea und dann nach China. Die Pflanze erreichte schnell eine große Bedeutung, in China gehört sie sogar zu den fünf heiligen Körnern, da sie vielfältig nutzbar ist, etwa zur Gewinnung von Öl, und zudem als wertvoller pflanzlicher Eiweißspender gilt. Im Gegensatz zu den meisten anderen pflanzlichen Eiweißquellen weist die Sojabohne nämlich ein Aminosäureprofil auf, welches qualitativ mit tierischen Quellen locker mithalten kann und für den Menschen optimal verwertbar ist.

Tofu und tofuähnliche Produkte sind in ganz Ost- und Südostasien seit mehreren Jahrhunderten bekannt. Einen einheitlichen Begriff dafür gibt es jedoch erst seit wenigen Jahren. Hier konnte sich die japanische Bezeichnung gegenüber chinesischen Varianten wie „Dou-Fu", „Tau-Fu" oder „Tau-Hu" durchsetzen. Nachdem man es im Zuge der Einführung in die westliche Küche zunächst mit beschreibenden Begriffen wie „Tofuquark" (Bean Curd), „Sojakäse" (Soy Cheese) oder „Sojakuchen" (Soy Cake) versucht hatte, verwendeten die ersten erfolgreichen westlichen Autoren, die in den 1970er-Jahren über das Thema schrieben, den japanischen Begriff „Tofu". Dieser setzte sich weltweit als leicht zu merkender und zu vermarktender Standard durch.

Vor dem Hintergrund der Jahrhunderte währenden Geschichte erscheint es heute umso skurriler, dass die Herstellung von Tofu in Deutschland lange Zeit verboten war. Die ersten Produzenten hatten es schwer, denn zum „Schutz" der hiesigen Bauern waren sogenannte „Milchimitate", also auch Sojamilch und damit der Grundstoff des Tofus, verboten worden. Erst seit 1989, nach einer Klage vor dem europäischen Gerichtshof, dürfen Tofu und Sojamilch ohne rechtliche Konsequenzen produziert und vertrieben werden. Doch damit nicht genug: Den Zusatz „Milch" musste die Sojamilch im Handel auf Druck der Agrarlobby im Jahr 2013 wieder abgeben und darf seitdem nur unter alternativen Bezeichnungen wie „Sojadrink" vertrieben werden. Der Erfolgsgeschichte der Sojaprodukte hat diese Intervention allerdings keinen Abbruch getan.

Noch heute hat man allerdings den Eindruck, dass es dem Tofu und anderen Sojaprodukten schwer gemacht werden soll. Immer wieder werden gesundheitliche Bedenken gestreut, immer wieder auf die Problematik des Sojaanbaus, etwa in Brasilien, hingewiesen. Diese Bedenken sind bei genauerer Betrachtung unberechtigt. Viele der im Soja enthaltenen Stoffe haben sogar eine positive Wirkung auf den Körper. Soja-Isoflavone sollen laut medizinischen Studien etwa vor Brust- und Hodenkrebs schützen und beispielsweise Regelschmerzen lindern sowie die Knochen stärken. Die Ängste, durch Sojakonsum unfruchtbar zu werden, oder die Befürchtung, dass sich der Hormonspiegel bei Männern verändert, erscheinen laut Studien unbegründet. Regelrecht zynisch ist in Bezug auf Sojaverzehr dagegen der Hinweis auf den problematischen Anbau. Denn über 80 Prozent des weltweit angebauten Sojas, etwa gentechnisch verändertes aus gerodeten Urwaldflächen Südamerikas, wird als Tierfutter, beispielsweise für Geflügel oder Schweine, verwendet oder findet als Öl seinen Weg in sogenannte Bio-Kraftstoffe. Nur knapp fünf Prozent der weltweiten Sojaproduktion werden dagegen für Tofu oder Sojamilch verwendet. Aus europäischem Anbau – etwa aus Österreich – übrigens garantiert gentechnikfrei.

Tofu ist nicht gleich Tofu

Während hierzulande die Tofuwelt noch klein und überschaubar ist, machen sich in China und Japan mindestens 1000 Jahre Vorsprung bemerkbar. Dort ist Tofu seit langem integraler Bestandteil der Esskultur. Damit einher ging die Entwicklung unterschiedlichster Rezepte und Varianten. Um Konfusion beim Tofukauf zu vermeiden und Ordnung in die Vielfalt der Begriffe zu bringen, folgt auf den nächsten Seiten ein Überblick über die wichtigsten Sorten.

Tofu – Sorten und Varianten

In Asien wird dem Tofu mit viel Liebe begegnet. Hier ein kleiner Überblick über die reiche Sortenvielfalt.

Fester Tofu

Je länger der Tofubruch gepresst wird, umso mehr Flüssigkeit tritt aus und umso fester (engl. firm) wird der Tofu. Fester Tofu hat durch den geringen Flüssigkeitsanteil den höchsten Proteingehalt und lässt sich beispielsweise in Würfeln wunderbar anbraten oder frittieren. So ist er z. B. als Topping für Suppen und Salate ein Genuss. Ein Großteil der hierzulande im Supermarkt oder Biomarkt erhältlichen Produkte fällt in diese Kategorie. Es finden sich zudem zahlreiche marinierte Versionen. In die Kategorie „Fester Tofu" fällt natürlich auch der beliebte Räuchertofu, der sich als Einlage für Suppen und Eintöpfe schnell zu einem Favoriten für all diejenigen gemausert hat, die es vegetarisch oder vegan, aber besonders herzhaft mögen.

Mittelfester Tofu

Dieser Tofu ist schnittfest, hat aber einen höheren Wassergehalt und ist dadurch weicher und etwas cremiger. Diese Version ist in Asien besonders beliebt, etwa als kalte Vorspeise oder als Einlage von Saucen, Suppen und Eintöpfen. Von den bekannten hiesigen Herstellern ist dieser Tofu aktuell noch nicht erhältlich. Im Asia-Shop ist die Auswahl jedoch groß, allerdings sind die Bezeichnungen verwirrend. Man findet ihn beispielsweise unter dem Namen „Pressed Tofu" oder „Yakko Tofu". Wer das Glück hat, eine Tofu-Manufaktur in der Nähe zu haben, dürfte ebenso fündig werden. Etwas verwirrend: Im Asia-

Oben: Seidentofu
Mitte: fester Tofu
Unten: Räuchertofu

Shop gibt es auch Seidentofu (Silken Tofu), der schnittfest ist und dem mittelfesten Tofu sehr nahe kommt. Beim Einkauf ist also etwas Fingerspitzengefühl gefragt. Ebenfalls in die Kategorie „mittelfest" fällt Eiertofu (siehe Seite 153).

Seidentofu

Eine japanische Spezialität! Für seine Herstellung wird in der Regel nicht Nigari, sondern Gypsum (Calciumsulfat) verwendet. Dieser Tofu tropft nicht ab, die angerührte Mischung stockt stattdessen in speziellen Formen. Die unterschiedliche Festigkeit resultiert dann aus dem variierenden Proteingehalt der verwendeten Sojabohnen. Asiatische Sorten können durchaus schnittfest sein, die meisten hiesigen Sorten sind sehr weich und behalten beim Schneiden nicht die Form. Dieser Tofu eignet sich besonders für Desserts, Saucen oder als Guss für vegane Varianten von Quiche, Flammkuchen und Co.

Yuba und Okara

Beide sind hierzulande kaum bekannt, da die Tofuproduktion zu Hause hier keine Tradition hat. Yuba ist die dünne Haut, die sich bildet, wenn die ausgepresste Sojamilch längere Zeit auf etwa 80 bis 90° C gehalten wird. Sie besteht vor allem aus Eiweiß und ein wenig Fett und hat einen leicht nussigen Geschmack. Die Haut wird von der Oberfläche abgehoben und gefaltet. Anschließend genießt man sie frisch – etwa in Brühe oder mit ein wenig Shoyu, japanischer Sojasauce – oder trocknet sie für eine spätere Verwendung. Die wieder eingeweichten Yubahäute können wie Reispapier zum Einwickeln von Gemüse und Co. verwendet und anschließend gebraten oder frittiert werden. Auch als proteinreicher Nudelersatz in Suppen oder Stir-Frys (siehe Seite 100) sind sie perfekt geeignet. Getrocknete Yubarollen sind hierzulande in gut sortierten Asia-Shops erhältlich. Okara ist der Pressrest, also analog zur Weinproduktion der „Trester" des Tofus. Die Masse ist reich an Proteinen, Ballaststoffen und Vitaminen und ein wertvolles Lebensmittel. Bei der Tofuproduktion entstehen etwa die gleichen Mengen Okara und Tofu. Okara kann mit Gemüse gedünstet werden, als „Unohana" ist diese Variante in Japan eine beliebte Beilage. Es dient auch als Basis für Bratlinge und kann in Brotteige eingearbeitet werden. In der Landwirtschaft wird der Pressrest zudem als stickstoffreicher Dünger verwendet, der gleichzeitig die Bodenstruktur verbessert.

Tofu-Specials

In Asia-Shops finden sich noch weitere Tofu-Besonderheiten. Vorfrittierte feste Tofublöcke (Deep-fried-firm-Tofu) sind eine beliebte Zutat verschiedener chinesischer Regionalküchen und werden als Einlage für Suppen, Saucen und Wokgerichte verwendet. Das Besondere ist die durch das Frittieren sehr luftige Oberfläche: Dadurch nimmt der Tofu sehr gut Saucen auf. Frittierte dünne Taschen aus Tofu (Aburaage) sind die Basis für japanisches Inarizushi (siehe Seite 93), lassen sich aber auch anders füllen. Auch fermentierte Tofuprodukte sind erhältlich, etwa chinesischer „Furu", der dem in China äußerst beliebten „Stinky Tofu" entspricht, japanischer „Tofuyo" oder vietnamesischer „Chao". Traditionell wird der Tofu zunächst mit Schimmelpilzen geimpft und reift etwas. Dann wird er in eine gewürzte Salzlake eingelegt und fermentiert darin, von wenigen Tagen bis zu Monaten, bis er eine weiche, cremige Konsistenz hat. Es entsteht ein einzigartiger Geschmack: scharf, cremig und salzig, wie gereifter Schimmelkäse. Später entfalten sich auch süßliche Noten. Für mutige Gaumen definitiv einen Versuch wert. Im Supermarkt gibt es unter dem Namen „Feto" eine Light-Variante: milchsauer vergorener Tofu mit einer salzigen, leicht säuerlichen Note. Er kann analog zu festem Tofu verwendet werden.

Während fast alle kunstvollen Produkte auf Sojabasis, etwa Tofu, Sojasaucen oder Natto, ihren Ursprung in China oder Japan haben, haben beim Tempeh eindeutig die Bewohner des heutigen Indonesiens, genauer gesagt der Insel Java, die Nase vorn.

Tempeh – Geschichte & Wissen

Was ist eigentlich Tempeh?

Grundlage für die Produktion von Tempeh sind meist gekochte Sojabohnen. Diese werden mit einer giftfreien Schimmelpilzkultur, meist *Rhizopus oligosporus* „geimpft". Anschließend wächst der Schimmelpilz bei einer konstanten Temperatur von etwa 28 bis 33 °C unter Luftzufuhr innerhalb von 36 bis 40 Stunden, selten länger, zu einem dichten, weißen Geflecht heran. Klassischerweise werden die Bohnen dafür in Bananenblätter eingeschlagen, heute übernehmen meist perforierte Plastikbeutel diese Aufgabe. Die Fermentation wird unterbrochen, bevor die schwarzen Sporen entstehen, etwa durch starkes Abkühlen, Einfrieren oder Blanchieren. Das Ergebnis ist ein fester Block, in dem die Bohnen durch das Schimmelgeflecht miteinander verbunden sind. Der Tempeh kann nun in Scheiben oder Würfel geschnitten und beispielsweise gebraten oder frittiert werden, ohne dass sich einzelne Bohnen daraus lösen. Durch die Fermentierung entsteht ein angenehm nussiges Aroma, das an den Edelschimmel von Käse, beispielsweise Camembert erinnert. Außerdem werden die Bohnen dadurch besser bekömmlich und viele der enthaltenen Nähstoffe für den Körper deutlich besser verfügbar.

Kleine Tempeh-Geschichte – von Indonesien in die Welt

Ganz ohne Einfluss der beiden großen Soja-Kulturnationen China und Japan konnte Tempeh, wie wir ihn heute kennen, jedoch nicht entstehen. Die Sojabohne wurde vermutlich zwischen dem 7. und 10. Jahrhundert von reisenden und Handel betreibenden Chinesen im malayischen Archipel eingeführt. Sie ist in West-Java heute aber unter dem Namen „Japan-Bohne" bekannt, was gleichzeitig für eine japanische Herkunftsgeschichte spricht. Ob die Reisenden auch die Fermentationstechniken mitgebracht haben, ist unklar. Das Fermentieren von Reis und Sojabohnen durch sogenanntes „Koji" – das sind Schimmelpilze wie *Aspergillus flavus* – war in China und Japan nämlich schon lange bekannt. Sojabohnen wurden durch Fermentieren zum Beispiel zu Natto, aus dem fermentierten Reis wurden unter anderem Reisschnaps (Sake) und Reiswein (Mirin) hergestellt. Eventuell wurde diese Technik adaptiert und mit einheimischen Schimmelpilzkulturen so modifiziert, dass am Ende ein ganz eigenes Produkt entstand. Wahrscheinlicher ist aber, dass die Technik schon vorhanden war und so etwa Kokos- und Erdnusspresskuchen (siehe Tempe Bongrek oder Oncom, Seite 13) oder andere Hülsenfrüchte des malayischen Archipels fermentiert wurden und diese Technik später einfach auf die neuen Hülsenfrüchte übertragen wurde. Da die Sojabohne sehr nährstoffreich ist, problemlos und in großen Mengen angebaut werden konnte, im Gegensatz zu einigen einheimischen Hülsenfrüchten nach dem Garen keine Giftstoffe enthält und sich wunderbar in einen Tempehblock verwandeln lässt, war der Siegeszug vorprogrammiert. Erstmals erwähnt wird Tempeh allerdings erst im 19. Jahrhundert im literarischen Werk *Serat Centhini*. Die dort dargestellten Ereignisse spielen aber im 16. Jahrhundert. Vermutlich war Tempeh also schon in diesem Jahrhundert oder auch deutlich früher integraler Bestandteil der Ernährung.

Das Klischee des Arme-Leute-Essens für alle, die sich kein Fleisch leisten können, das in Indonesien

Klassischerweise fermentieren die Bohnen in Bananenblätter eingeschlagen.

in den 1960er-Jahren aufgekommen war, hat Tempeh längst abgelegt und wird – frittiert, gebacken, gebraten oder geschmort – in zahlreichen traditionellen Gerichten serviert. Inzwischen wird auch der kulturelle Wert hoch geschätzt, so steht Tempeh mittlerweile auf der indonesischen Vorschlagsliste für das immaterielle Kulturerbe der UNESCO. Noch heute wird er in tausenden Manufakturen von Hand zubereitet und auf den Märkten feilgeboten, auch wieder vermehrt auf die klassische Art im Bananenblatt. Tatsächlich ist er so beliebt, dass die indonesischen Sojabohnen schon lange nicht mehr ausreichen und Bohnen aus dem Ausland, etwa den USA, importiert werden. Kein Wunder bei 274 Millionen Einwohnern und einem Jahresverbrauch von etwa 6,5 Kilogramm pro Person!

Nach Europa gelangte der Tempeh schließlich über die Niederlande, die lange Zeit Kolonialmacht waren und in Batavia, der heutigen indonesischen Hauptstadt Jakarta, einen ihrer wichtigsten Handelsstützpunkte hatten.

Größere Bekanntheit erreichte Tempeh allerdings erst in der Bio-Bewegung und Naturkostwelle der 1970er-Jahre. Und seit vegane Ernährung in den 2000ern endgültig aus der Nische getreten ist, wird die Schar der Tempeh-Fans und auch die Vielfalt der Produkte (Seite 12 bis 13) auch hierzulande immer größer. Als proteinreiches Lebensmittel mit einem äußerst geringen CO_2-Fußabdruck ist Tempeh zudem eine willkommene Alternative für alle, die Wert auf größere Nachhaltigkeit in der Ernährung legen.

Tempeh – köstliche Vielfalt

Hierzulande noch ein Nischenprodukt, gibt es in Indonesien eine Vielfalt an Varianten zu entdecken.

Der Klassiker mit Sojabohnen

Die weltweit mit Abstand beliebteste und am weitesten verbreitete Version des indonesischen Fermentations-Wunders ist zweifellos diejenige, in der gegarte und geschälte Sojabohnen die Basis bilden, die mit den Pilzen, etwa *Rhizopus oligosporus* oder *Rhizopus oryzae,* geimpft werden und anschließend rund 36 bis 40 Stunden zu voller Pracht heranreifen. Doch auf dem malayischen Archipel gibt es noch allerlei Tempeh-Ableger zu entdecken, die mal mehr, mal weniger für westliche Gaumen geeignet sind – und auch nicht immer den hiesigen Ansprüchen an Lebensmittelsicherheit genügen.

Tempe gembus – Okara-Tempeh

Ebenfalls aus Sojabohnen wird „Tempe gembus" hergestellt. Dafür ist Okara, der Pressrest aus der Tofuproduktion die Basis. Sehr clever, denn aus einer Portion Sojabohnen wird somit sowohl Tofu als auch Tempeh gewonnen. Damit der Pilz gut wachsen kann, ist es wichtig, das Okara sehr kräftig auszupressen, was zu Hause nicht so leicht ist. Achtung: Nur gegartes Okara verwenden, da rohe Sojabohnen unbekömmlich sind. Weil in diesem Buch bei der Tofuherstellung bereits die rohen Sojabohnen ausgepresst werden (siehe Seite 150), erhalten wir rohes Okara. Dieses müsste vor der Weiterverarbeitung noch gegart werden, zum Beispiel 30 Minuten in einer hitzebeständigen Glasbox über dem heißen Wasserbad. Wer das ausprobieren möchte, kann sich nach dem Garen an der Herstel-

Roter Oncom reift mit roten Schimmelpilzkulturen der Gattung Neurospora.

lung des klassischen Tempeh orientieren (siehe Seite 157, ab Step 3). Okara-Tempeh hat eine sehr weiche Konsistenz und eignet sich besonders zum Frittieren.

Grüner Mungbohnen-Tempeh
Dieser äußerst schmackhafte Tempeh unterscheidet sich in der Produktion nicht vom klassischen Tempeh. Besonders in der Region um Yogyakarta auf Java wird er sehr geschätzt. Die Bohnen haben nach dem Fermentieren einen äußerst angenehmen Geschmack und werden beim Braten wunderbar knusprig. Eine Anleitung zur Herstellung zu Hause findet sich auf Seite 158. Auf dieselbe Art kann auch Tempeh aus den hübschen Augenbohnen (Black Eyed Peas bzw. Cow Peas) hergestellt werden.

Indonesische Specials
Verschiedene hierzulande nicht erhältliche Hülsenfrüchte werden ebenfalls zu Tempeh verarbeitet, etwa die Samen der Weißkopfmimose (Lamtoro), der besonders großen Jackbohne (Koro) oder der Juckbohne (Benguk). Die beiden letzteren enthalten giftige Inhaltsstoffe, die aber während des sorgfältig ausgeführten Produktionsprozesses komplett abgebaut werden sollen. Diese Sorten können nur vor Ort auf einem Indonesientrip probiert werden. Vorsicht ist allerdings geboten, wenn „Tempe bongrek" angeboten wird. Diese Sorte ist seit 1969 sogar verboten, wird aber wohl immer noch hergestellt und ist besonders in Zentral-Java beliebt. Sie besteht aus Kokosnuss-Presskuchen, der etwa bei der Produktion von Kokosmilch oder Kokosöl anfällt. Dieser kann mit Bakterien – *Burkholderia gladioli* – kontaminiert sein, die sich bei der typischen Tempeh-Reifetemperatur ebenfalls stark vermehren können. Die Bakterien produzieren zwei Gifte, das Atemgift Bongreksäure sowie Toxoflavin, die bei Verzehr zu tödlichen Vergiftungen führen können. Vom „Tempe bongrek" also unbedingt Abstand halten.

Roter Oncom
Ein dem Tempeh ähnliches Fermentationsprodukt und Grundnahrungsmittel der sundanesischen Küche ist roter „Oncom", der aber im Gegensatz zum Tempeh mit verschiedenen roten Schimmelpilzkulturen hergestellt wird. Dafür werden Produktionsreste von Sojabohnen, Erdnüssen, Maniok und Kokosnüssen verwendet. Das Ergebnis ist mit den üppigen, roten Schimmelausblühungen optisch für die westlich geprägte Lebensmittelästhetik eine echte Herausforderung. Sind Kokosnüsse enthalten, ergibt sich zudem dieselbe Problematik wie beim „Tempe bongrek". Enthaltene Erdnüsse können zudem andere Schimmelpilze enthalten, die giftiges Aflatoxin produzieren. Grundsätzlich ist also Vorsicht geboten, eine Produktion zuhause daher nicht zu empfehlen, obwohl Startersets im Internet erhältlich sind. Wird Oncom unter hygienischen Bedingungen hergestellt, ist er ein eiweißreiches Lebensmittel mit kräftigem Umami-Geschmack, das ähnlich wie Tempeh verwendet werden kann. Beim schwarzen Oncom handelt es sich schlicht um eine Tempeh-Variante, da dieser ebenfalls mit *Rhizopus oligosporus* als Starterkultur zubereitet wird.

Im Westen viel Neues
Hierzulande sorgen erste Tempeh-Manufakturen für Abwechslung auf dem Teller – und das garantiert lebensmittelsicher! Neben Tempeh aus Süßlupinen finden sich beispielsweise auch herzhafter Black-Bean- oder Wachtelbohnen-Tempeh, milder Kichererbsen-Tempeh oder allerlei brat- oder grillfertig marinierte Varianten der klassischen Version. Erhältlich sind diese größtenteils in gut sortierten Bioläden oder Biosupermärkten. Anleitungen zur Herstellung weiterer Varianten, etwa dem besonders herzhaften Black-Bean-Tempeh, aber auch von hülsenfruchtfreien Sorten wie Hirse- oder Quinoa-Tempeh, finden sich auf Seite 158 und 159.

Die „Softies" sind besonders mild im Geschmack und zergehen regelrecht auf der Zunge. In Asien schon länger absolute Lieblinge, finden sie auch hierzulande immer mehr glühende Verehrer.

SEIDENTOFU

& MITTELFESTER TOFU

Außen knusprig, innen wunderbar saftig – so werden die Soft-Tofu-Bällchen, wenn sie vor dem Ausbacken in Panko gewendet werden. Die japanische Version des Paniermehls wird aus Weißbrot ohne Kruste hergestellt und ist daher in der Regel etwas heller als die hiesige Version. Seine luftige, gröbere Struktur sorgt für besonders knackige Krusten und den allseits beliebten Crunch.

Paprika-Mais-Fritters

mit Koriander

4 Personen | 30 min

Fritters
1 rote Paprikaschote
2 Zwiebeln
2 EL Öl
Salz | Pfeffer aus der Mühle
3 EL Limettensaft
1 Dose Zuckermais
(280 g Abtropfgewicht)
1 Bund Koriandergrün
300 g mittelfester Tofu
(aus dem Asia-Shop)
2 Knoblauchzehen
½ TL gemahlener Kreuzkümmel
½ TL gemahlener Koriander
½ TL Chilipulver
Kala Namak (nach Belieben)
80 g Reismehl
2 TL Backpulver
100 g Panko (asiat. Paniermehl)

Außerdem
Öl zum Ausbacken

Dazu passen mexikanische Salsa, Guacamole oder Sweet Chili Sauce. Die Fritters sind auch als Füllung für Tacos oder Burritos ein Genuss.

Für die Fritters die Paprikaschote längs halbieren, entkernen, waschen und in kleine Würfel schneiden. Die Zwiebeln schälen und ebenfalls in kleine Würfel schneiden. Das Öl in einer Pfanne erhitzen, Paprika- und Zwiebelwürfel darin rundherum anbraten. Das Gemüse mit Salz und Pfeffer würzen, mit 2 EL Limettensaft ablöschen, diesen verkochen lassen und die Pfanne anschließend vom Herd nehmen.

Den Mais abtropfen lassen. Koriander waschen und trocken tupfen, die Blätter abzupfen und grob hacken. Den Tofu in einer Schüssel mit einer Gabel fein zerdrücken. Die Paprika-Zwiebel-Mischung, Mais und Koriandergrün dazugeben. Knoblauch schälen und dazupressen. Den übrigen Limettensaft, die Gewürze und nach Belieben 2 Miniprisen Kala Namak hinzufügen. Reismehl und Backpulver mischen, beides unterheben und alles gut vermengen. Die Masse mit Salz und Pfeffer würzen.

Zum Fertigstellen in einem Topf 8 cm hoch Öl erhitzen. Panko auf einem Teller verteilen. Aus der Tofumasse 16 Bällchen mit einer glatten Oberfläche formen und ganz leicht flach drücken. Jeweils durch den Panko rollen, sodass die Bällchen rundherum gleichmäßig überzogen sind.

Mit einem Holzstäbchen testen, ob das Öl heiß genug ist. Steigen daran beim Hineinhalten sofort Bläschen auf, ist die richtige Temperatur erreicht.

Die Bällchen portionsweise etwa 5 Minuten bei nicht zu starker Hitze rundherum goldbraun ausbacken. Mit dem Schaumlöffel herausheben und auf Küchenpapier abtropfen lassen. Gegebenenfalls bei 100 °C Ober-/Unterhitze im Ofen warm halten, bis alle Fritters gebacken sind. Noch warm genießen.

全國漁場直送!
魚の浜恵
魚
坂田

Die Geschichte zum Rezept – Hiyayakko-Tofu und Agedashi-Tofu

Das Prinzip „weicher, cremiger Tofu mit Sauce bzw. in Brühe und mit allerlei Toppings" ist bereits seit dem 17. Jahrhundert – der sogenannten Edo-Zeit – in Japan äußerst beliebt. Auch heute sind diese Gerichte ein gern bestellter Snack in Japans Restaurants und Izakayas, speziellen Sake-Kneipen mit umfangreicher Speisekarte. Neben dem umwerfenden Geschmack gibt es dafür vor allem zwei Gründe: die sehr einfache Zubereitung und die Vielseitigkeit der Präsentation.

Denn insbesondere beim gekühlten „Hiyayakko", aber auch beim knusprig ausgebackenen „Agedashi", der nach dem Frittieren in würzige Dashi-Brühe eingelegt wird, kommen zahlreiche unterschiedliche Toppings zum Einsatz. Klassiker sind Frühlingszwiebeln, Sesamsamen und Bonito-Flocken, sogenannte „Katsuobushi". Genauso beliebt sind geriebener Ingwer, Daikonrettich oder geröstete Noristreifen. Neuere Varianten sind verführerische Toppings aus Kimchi, Edamame, Okraschoten, Avocado oder Natto, den berühmten fermentierten Sojabohnen, denen ein fädenziehender Schleim anhaftet.

So ist Abwechslung auf dem Teller garantiert und Langeweile ausgeschlossen. Während Hiyayakko auch dem Namen nach – „hiya" bedeutet kalt oder gekühlt – das perfekte Gericht für die heißen japanischen Sommer ist, wird die warme Variante auch gerne im Winter serviert.

Ob heiß oder kalt – Abwechslung ist garantiert!

Hiyayakko-Tofu und Agedashi-Tofu

auf klassische Art

4 Personen · 10 min / 30 min

Hiyayakko-Tofu

2 Frühlingszwiebeln
20 g Ingwer
2 Blöcke schnittfester Seidentofu (aus dem Asia-Shop; à 300 g)
8 EL Sojasauce
4 EL Bonitoflocken (Katsuobushi)
1 TL gerösteter Sesam

Agedashi-Tofu

600 g schnittfester Seidentofu (z.B. japanischer Yakko-Tofu, aus dem Asia-Shop; gefroren und aufgetaut)
2 Frühlingszwiebeln
1 Stück Daikonrettich
Öl zum Ausbacken
100 g Maisstärke
250 ml Dashi-Brühe (Fertigprodukt)
4 EL Mirin
2 EL Sojasauce
4 EL geröstete Noristreifen

Für den Hiyayakko-Tofu die Frühlingszwiebeln putzen, waschen und in feine Ringe schneiden. Den Ingwer schälen. Den Tofu abtropfen lassen. Die Tofublöcke halbieren und auf vier Schälchen verteilen. Mit je 2 EL Sojasauce beträufeln. Dann jeweils etwas Ingwer darüber reiben. Mit Frühlingszwiebeln und je 1 EL Bonitoflocken bestreuen, etwas Sesam darauf verteilen und servieren.

Für den Agedashi-Tofu den Tofu in ein sauberes Küchentuch wickeln und mit einem Teller beschweren, sodass noch etwas Flüssigkeit abtropft. Die Frühlingszwiebeln putzen, waschen und in feine Ringe schneiden. Den Rettich waschen und fein reiben.

In einem Topf 8 cm hoch Öl erhitzen. Den Tofu auswickeln und in 5 cm große Würfel schneiden. Die Stärke auf einen Teller häufen und die Tofuwürfel darin wenden. Mit einem Holzstäbchen testen, ob das Öl heiß genug ist. Steigen daran sofort Bläschen auf, ist die richtige Temperatur erreicht. Die Tofuwürfel in mehreren Portionen im Öl ausbacken, bis sie rundherum leicht gebräunt sind. Fertige Würfel mit dem Schaumlöffel herausheben und kurz auf Küchenpapier abtropfen lassen.

Zum Servieren die Dashi-Brühe erhitzen und mit Mirin und Sojasauce verrühren. Den Tofu auf vier Schälchen verteilen und die Brühe darübergießen. Je 1 EL geriebenen Rettich daraufgeben. Frühlingszwiebeln und Noristreifen auf den Tofu streuen und genießen.

Einfach vegan

Für eine vegane Variante beim Hiyayakko-Tofu die Bonitoflocken durch Noristreifen ersetzen und beim Agedashi-Tofu eine vegane Dashi-Brühe verwenden.

Scrambled Tofu

mit Spinat und Pilzen

4 Personen | 20 min

Marinierter Tofu
2 EL Olivenöl
2 TL Zitronensaft
2 TL helle Misopaste
4 TL Hefeflocken
1 TL Zucker
½ TL gemahlene Kurkuma
Kala Namak
2 Knoblauchzehen
Salz | Pfeffer aus der Mühle
400 g Seidentofu
400 g schnittfester Seidentofu (aus dem Asia-Shop)

Gemüsemix
1 rote Zwiebel
200 g braune Champignons (Egerlinge)
100 g junger Spinat
2 EL vegane Margarine
2 TL getrocknete italienische Kräuter
Salz | Pfeffer aus der Mühle

Für den marinierten Tofu Olivenöl und Zitronensaft mit Misopaste, Hefeflocken, Zucker, Kurkuma und 2 Miniprisen Kala Namak verrühren. Den Knoblauch schälen und dazupressen. 1 bis 2 EL Wasser hinzufügen, sodass eine dickflüssige Masse entsteht. Mit Salz und Pfeffer würzen. Beide Tofusorten mit dem Messer grob zerkleinern, zur Marinade geben und alles grob vermischen.

Für den Gemüsemix die Zwiebel schälen und in feine Würfel schneiden. Die Pilze putzen und in Scheiben schneiden. Den Spinat waschen und trocken schleudern. Die Margarine in einer großen Pfanne erhitzen. Die Zwiebelwürfel und die Pilze darin rundherum anbraten, bis sie leicht gebräunt sind. Die italienischen Kräuter kurz mitbraten. Mit Salz und Pfeffer würzen.

Zum Fertigstellen die Tofumischung zu den Pilzen geben und weiterbraten, bis alles heiß ist. Zuletzt den Spinat hinzufügen und in der Pfanne kurz zusammenfallen lassen. Den Scrambled Tofu gegebenenfalls noch einmal mit Salz und Pfeffer abschmecken und sofort servieren.

Dazu passt jegliches Brot, z. B. Walnussbrot. Aber auch Pellkartoffeln sind gute Begleiter.

In vielen veganen Rezepten übernimmt Seidentofu die Rolle von Eiern. Die Konsistenz trifft er dabei mit links. Optisch und geschmacklich braucht er dagegen Nachhilfe. Hier sorgt ein Cocktail aus gelber Kurkuma, Hefeflocken mit ihrem Umami-Geschmack und mildwürziger japanischer Misopaste gemeinsam mit Kala Namak für das richtige Aroma und bleibt doch immer angenehm im Hintergrund.

Eine Frittata ganz ohne Ei? Seidentofu und Aquafaba, die dickflüssige Abtropfflüssigkeit eingelegter Kichererbsen, machen es möglich. Beim starken Erhitzen geliert die Stärke von Hülsenfrüchten im Kochwasser, das Ergebnis lässt sich schaumig aufschlagen wie Eiweiß. So bekommt die Frittata eine wunderbar luftige Konsistenz. Und für den feinen Ei-Geschmack sorgt Kala Namak.

Gemüse-Frittata

mit marinierten Tomaten

4 Personen | 25 min | 45 min Backen

Gemüsemix
1 rote Paprikaschote
300 g Zucchini
1 Zwiebel
1 Dose Kichererbsen
(ca. 180 g Abtropfgewicht)
1 EL Olivenöl | ½ TL Zucker
1 EL Weißweinessig
Salz | Pfeffer aus der Mühle

Tofumasse
1 Bund Basilikum (ca. 15 g)
400 g schnittfester Seidentofu
(aus dem Asia-Shop)
6 EL Speisestärke
1 EL Cashewmus
½ EL Weißweinessig
2 EL Hefeflocken
½ TL gemahlene Kurkuma
Kala Namak
2 Knoblauchzehen
Salz | Pfeffer aus der Mühle
Zucker | 3 EL Olivenöl

Marinierte Tomaten
250 g Cocktailtomaten
1 Knoblauchzehe
1 Bund Basilikum (ca. 15 g)
2 EL Weißweinessig
2 EL Olivenöl | ½ TL Zucker
Salz | Pfeffer aus der Mühle

ofenfeste Pfanne

Dazu passt Ciabatta.

Für den Gemüsemix die Paprikaschote längs halbieren, entkernen und waschen. Die Zucchini putzen, waschen und beide Gemüse in Würfel schneiden. Die Zwiebel schälen und in feine Würfel schneiden. Die Kichererbsen in ein Sieb abgießen und abtropfen lassen, die Flüssigkeit (Aquafaba) auffangen.

Das Olivenöl in einer ofenfesten Pfanne erhitzen. Paprika, Zucchini, Zwiebel und Kichererbsen darin rundherum anbraten. Den Zucker dazugeben und leicht karamellisieren. Mit Essig ablöschen und mit Salz und Pfeffer würzen. Das Gemüse vom Herd nehmen.

Für die Tofumasse das Basilikum waschen und trocken tupfen, die Blätter abzupfen. In einer Schüssel Tofu, Basilikum, Speisestärke, Cashewmus, Essig, Hefeflocken, Kurkuma und 2 Prisen Kala Namak mit dem Stabmixer glatt mixen. Den Knoblauch schälen und dazupressen. Die Masse mit Salz, Pfeffer und etwas Zucker würzen. Aquafaba mit 1 Prise Salz mit den Quirlen des Handrührgeräts zu einem festen Schnee schlagen. Den Backofen mit dem Rost auf der mittleren Schiene auf 200 °C Ober-/Unterhitze vorheizen.

Zum Fertigstellen der Frittata den Gemüsemix unter die Tofumasse heben. Zuletzt den Aquafaba-Schnee unterheben. Das Olivenöl in der ofenfesten Pfanne erhitzen, die Frittata-Masse hineingießen und gleichmäßig verteilen. Ohne Rühren 5 Minuten anbraten. Die Pfanne in den Ofen stellen und die Frittata 45 Minuten garen, bis sie gestockt und leicht gebräunt ist.

Für die marinierten Tomaten inzwischen die Tomaten waschen und halbieren. Den Knoblauch schälen und in kleine Würfel schneiden. Das Basilikum waschen und trocken tupfen, die Blätter abzupfen. Tomaten, Basilikum und Knoblauch mit Essig, Olivenöl und Zucker verrühren, mit Salz und Pfeffer würzen und beiseitestellen.

Zum Servieren die Frittata aus dem Ofen nehmen und etwas abkühlen lassen. In große Stücke schneiden und vorsichtig auf Teller heben. Mit den marinierten Tomaten genießen.

Bei diesem indonesischen Omelett geht es im Originalrezept etwas höher hinaus: 5 cm hoch Öl in einem Wok erhitzen, einen Dessertring aus Edelstahl (12 cm Ø) hineinsetzen, ein Viertel der Eiermasse hineingeben und backen. Dabei immer wieder heißes Öl darüberlöffeln, bis alles durchgestockt ist. Herausheben und abtropfen lassen. Dann wie rechts beschrieben mit Sauce und Toppings servieren.

Tahu Telur

mit Toppings und Erdnusssauce

4 Personen | 45 min

Omeletts

10 Eier
2 Knoblauchzehen
3 ½ EL Speisestärke
1 TL Backpulver | Salz
4 Frühlingszwiebeln
600 g schnittfester Seidentofu (aus dem Asia-Shop)
8 EL Öl

Sauce

2 Schalotten
2 Knoblauchzehen
2 EL Öl
2 EL Kokosblütenzucker (oder Rohrohrzucker)
4 EL Sriracha-Sauce
4 EL Ketjap Manis
2 EL Erdnussmus (fein)
2 EL Limettensaft
2 TL Tamarindenpaste | Salz

Toppings

100 g Sojabohnensprossen
120 g Salatgurke
2 EL geröstete Erdnusskerne

kleine ofenfeste Pfanne

Beliebte Beilagen zu Tahu Telur sind auch Röstzwiebeln, Kropoek (Garnelencracker) und feine Streifen von Staudensellerie(-blättern).

Für die Omeletts die Eier in eine Schüssel aufschlagen und verquirlen. Den Knoblauch schälen und dazupressen. Speisestärke und Backpulver mischen, über die Eiermasse sieben und unterrühren. Mit Salz würzen.

Die Frühlingszwiebeln putzen, waschen und in feine Ringe schneiden. Den Tofu in kleine Würfel schneiden und mit dem weißen Teil der Frühlingszwiebeln unter die Eiermasse heben.

Für die Sauce die Schalotten und den Knoblauch schälen und in feine Würfel schneiden. Das Öl in einem Topf erhitzen, Schalotten- und Knoblauchwürfel darin andünsten, bis die Schalottenwürfel glasig sind. Den Zucker hinzufügen und leicht karamellisieren. Sriracha-Sauce, Ketjap Manis, Erdnussmus, Limettensaft und Tamarindenpaste dazugeben, erhitzen und alles glatt rühren. Mit etwas Wasser zu einer leicht dickflüssigen Sauce verdünnen. Die Sauce mit Salz abschmecken, dann zugedeckt warm halten.

Für die Toppings die Sprossen waschen und anschließend gut abtropfen lassen. Die Gurke waschen und in feine Streifen schneiden. Die gerösteten Erdnüsse grob hacken.

Zum Fertigstellen der Omeletts den Backofengrill aufheizen. Die Omelettes werden nacheinander zubereitet. Dazu jeweils 2 EL Öl in einer kleinen ofenfesten Pfanne auf dem Herd erhitzen. Ein Viertel der Eiermasse hineingeben und bei mittlerer Hitze braten, bis die Unterseite gestockt ist. Die Pfanne auf die obere Schiene des Backofens schieben und kurz übergrillen, bis die Oberseite gestockt und leicht gebräunt ist. Das Omelett aus dem Ofen nehmen, warm halten und das nächste zubereiten.

Zum Servieren je ein Omelette auf einem Teller anrichten und mit Sauce beträufeln. Sprossen, Gurkenstreifen und Erdnüsse darüberstreuen und genießen.

Tofu-Spinat-Knödel

mit Orangenbutter

4 Personen | 30 min | 30 min Ruhen + 30 min Garen

Knödel
2 Zwiebeln
250 g junger Spinat
2 EL Olivenöl
4 Knoblauchzehen
5 EL Zitronensaft
Salz | Pfeffer aus der Mühle
frisch geriebene Muskatnuss
400 g schnittfester Seidentofu (aus dem Asia-Shop)
350 ml Haferdrink
3 EL dunkles Mandelmus
6 EL Hefeflocken
100 g Weizenmehl (Type 405)
6 EL Reismehl
½ TL gemahlene Kurkuma
Kala Namak
320 g altbackenes Weißbrot (oder Brezen)

Orangenbutter
1 Bio-Orange
125 g vegane Margarine
80 g Walnusskerne
2 Knoblauchzehen
1 EL Zitronensaft
½ TL Chiliflocken
Kala Namak
Salz | Pfeffer aus der Mühle

Wer mag, toppt die Knödel noch mit Schnittlauchröllchen. Dazu passt ein grüner Salat oder Krautsalat.

Für die Knödel die Zwiebeln schälen und in kleine Würfel schneiden. Den Spinat waschen und trocken schleudern. Das Olivenöl in einer Pfanne erhitzen und die Zwiebelwürfel darin glasig dünsten. Spinat hinzufügen und zusammenfallen lassen. 2 Knoblauchzehen schälen und dazupressen. Mit 3 EL Zitronensaft ablöschen, dann mit Salz, Pfeffer und Muskatnuss würzen und abkühlen lassen.

In einer Schüssel den Tofu mit Haferdrink, Mandelmus, Hefeflocken, beiden Mehlsorten, 2 EL Zitronensaft, Kurkuma und 2 Miniprisen Kala Namak glatt rühren. Die Mischung mit Salz und Pfeffer würzen. 2 Knoblauchzehen schälen und dazupressen. Das Brot in Würfel schneiden. Den Spinat-Zwiebel-Mix in einem Sieb etwas ausdrücken, bei zu viel Flüssigkeit bindet die Knödelmasse später nicht. Dem Spinat anschließend grob hacken. Dann mit dem Brot zur Tofumasse in die Schüssel geben, alles gut vermengen und die Mischung 30 Minuten ziehen lassen.

Aus der Knödelmasse mit angefeuchteten Händen 12 Knödel mit einer glatten Oberfläche formen. In einem großen Topf reichlich Wasser aufkochen, salzen und die Knödel im leicht siedenden Salzwasser etwa 20 Minuten gar ziehen lassen.

Für die Orangenbutter die Orange heiß waschen, mit einem sauberen Küchentuch trocken reiben, die Schale mit einem Zestenreißer abziehen und aus einer Hälfte den Saft auspressen. Die Hälfte der Margarine in einem Topf erhitzen. Die Walnusskerne klein zerbröckeln und darin anbraten, bis sie leicht gebräunt sind. Den Knoblauch schälen und dazupressen. Übrige Margarine, Orangenschale, 3 EL Orangensaft, Zitronensaft, Chiliflocken und 2 Prisen Kala Namak dazugeben. Alles erhitzen und gut verrühren, dann vom Herd nehmen und mit Salz und Pfeffer würzen.

Zum Servieren die Knödel mit einem Schaumlöffel aus dem Sud nehmen und etwas abtropfen lassen. Dann auf Tellern anrichten und die Orangenbutter darüber löffeln.

Einer der beliebtesten Hüttenklassiker schmeckt auch mit Seidentofu unwiderstehlich. Noch dazu verdanken die Knödel dem Tofu ihre angenehm weiche Konsistenz, die dem Original aus Südtirol gelegentlich abgeht. Und wer vermisst schon Parmesan und Knoblauchbutter, wenn die Knödel dafür ein Bad in aromatischer, rein pflanzlicher Orangenbutter nehmen dürfen!

Basis für eine echte Hollandaise ist ein Weißweinsud, der mit Gewürzen stark eingekocht und anschließend mit Eigelb und flüssiger Butter luftig verschlagen wird. Das klappt genauso gut mit Seidentofu und Walnussöl. Und etwas Aquafaba-Schnee – unter die Sauce gehoben – sorgt für die angenehm luftige Konsistenz, von der die weit verbreitete Instant-Hollandaise nur träumen kann.

Gegrillter wilder Brokkoli

mit Tofu-Hollandaise

4 Personen | 30 min

Tofu-Hollandaise
1 Schalotte
1 Knoblauchzehe
100 ml trockener Weißwein
1 TL Rotweinessig
1 Lorbeerblatt
1 TL Pfefferkörner
gemahlene Kurkuma
½ Bio-Zitrone
150 g Seidentofu
Salz | weißer Pfeffer aus der Mühle
Zucker | Kala Namak
75 ml Walnussöl
3 EL Aquafaba

Brokkoli
1,5 kg wilder Brokkoli, alternativ grüner Spargel
4 EL Olivenöl
Salz | Pfeffer aus der Mühle
4 EL Zitronensaft | 2 TL Ahornsirup

Backblech | Backpapier

Bärlauchkartoffeln

Für Bärlauchkartoffeln 1 kg festkochende Kartoffeln schälen und in kleine Würfel schneiden. Je 3 EL Olivenöl in zwei großen Pfannen erhitzen, die Kartoffelwürfel darin etwa 10 Minuten anbraten, bis sie rundherum gut gebräunt sind. Je 2 EL Bärlauchpaste und 2 EL Zitronensaft untermischen. Die Bärlauchkartoffeln mit Salz und weißem Pfeffer abschmecken.

Für die Tofu-Hollandaise Schalotte und Knoblauch schälen und in feine Würfel schneiden. Beides in einem Topf mit Weißwein, Essig, Lorbeerblatt, Pfefferkörnern und 1 Prise Kurkuma aufkochen und die Flüssigkeit auf die Hälfte einkochen lassen. Vom Herd nehmen und zugedeckt noch 10 Minuten ziehen lassen.

Für den Brokkoli den Backofengrill vorheizen. Den Brokkoli waschen und putzen, alternativ den Spargel waschen, die holzigen Enden abschneiden, das untere Drittel schälen. Brokkoli oder Spargel auf einem mit Backpapier ausgelegten Blech mit dem Olivenöl mischen und mit Salz und Pfeffer würzen. Im heißen Ofen auf einer oberen Schiene nah an den Grillschlangen 10 bis 12 Minuten grillen, bis das Gemüse gar, bissfest und leicht gebräunt sind. Dabei ein- bis zweimal wenden, damit keine verbrannten Bereiche entstehen. Zitronensaft und Ahornsirup verrühren, mit etwas Salz würzen.

Zum Fertigstellen der Tofu-Hollandaise die Zitrone heiß waschen und trocken reiben. Die Schale fein abreiben und den Saft auspressen. Den durchgezogenen Schalotten-Sud durch ein Sieb in einen Mixbecher gießen. Den Tofu dazugeben und alles mit dem Stabmixer fein pürieren. Mit Salz, weißem Pfeffer, 1 Prise Zucker und 1 Miniprise Kala Namak würzen. Das Walnussöl nach und nach untermixen, bis eine cremige Sauce entsteht.

Aquafaba in einem Mixbecher mit 1 Miniprise Kala Namak steif schlagen und unter die Sauce heben, sodass diese schön schaumig wird. Die Zitronenschale unterrühren. Mit Salz, weißem Pfeffer und Zitronensaft abschmecken.

Zum Servieren den gegrillten Brokkoli oder Spargel mit dem gesüßten Zitronensaft bepinseln und auf Teller verteilen. Die Tofu-Hollandaise darüberträufeln. Dazu passen Pellkartoffeln oder würzige Bärlauchkartoffeln (siehe Tipp).

Pissaladière

mit Paprika und Oliven

4 – 6 Personen 45 min 60 min Gehen + 20 min Backen

Teig
5 g frische Hefe
200 g Weizenmehl (Type 405)
+ Mehl für die Arbeitsfläche
Salz | 1 EL Olivenöl

Zwiebelmasse
1 kg Zwiebeln
4 EL Olivenöl
4 Knoblauchzehen
2 Lorbeerblätter
1 Wacholderbeere
2 TL getrocknete Kräuter der Provence
125 ml trockener Weißwein
150 ml Gemüsebrühe
Salz | weißer Pfeffer aus der Mühle

Guss
100 g Seidentofu
2 TL helle Misopaste
2 EL Zitronensaft | ½ TL Zucker
½ TL getrocknete Kräuter der Provence
2 Knoblauchzehen
Salz | weißer Pfeffer aus der Mühle

Toppings
1 rote Paprikaschote
2 EL Rotweinessig
Salz
100 g kleine schwarze Oliven

Backblech | Backpapier

Knoblauchcreme

Dazu schmeckt Knoblauchcreme. Dafür 50 g Seidentofu mit 2 EL Zitronensaft, ½ TL Dijonsenf, 1 Miniprise Kala Namak und 1 Prise Zucker mit dem Stabmixer cremig mixen. 4 Knoblauchzehen schälen und dazupressen. Weitermixen und dabei 70 ml Haselnuss- oder Walnussöl einlaufen lassen, bis eine glatte Creme entstanden ist. Mit Salz und weißem Pfeffer abschmecken.

Für den Teig 100 ml lauwarmes Wasser mit der Hefe verrühren. Das Mehl und ⅓ TL Salz in einer Schüssel mischen und eine Mulde hineindrücken. Olivenöl und die Wasser-Hefe-Mischung dazugeben. Alle Zutaten mit den Händen zu einem glatten, geschmeidigen Teig kneten. Den Teig zu einer Kugel formen und zugedeckt an einem warmen Ort 1 Stunde gehen lassen.

Für die Zwiebelmasse die Zwiebeln schälen und in Würfel schneiden. Das Olivenöl in einer Pfanne erhitzen und die Zwiebelwürfel bei nicht zu starker Hitze 10 Minuten anbraten, bis sie glasig und leicht gebräunt sind. Den Knoblauch schälen und dazupressen. Lorbeerblätter, die zerdrückte Wacholderbeere und die Kräuter der Provence dazugeben und kurz mitdünsten. Mit dem Wein ablöschen und diesen verkochen lassen. Die Brühe angießen und weiterdünsten, bis die Flüssigkeit ebenfalls verkocht ist. Das Lorbeerblatt entfernen, die Zwiebelmasse mit Salz und weißem Pfeffer würzen und abkühlen lassen.

Für den Guss den Seidentofu mit Misopaste, Zitronensaft, Zucker und den getrockneten Kräutern glatt mixen. Den Knoblauch schälen, dazupressen und unterrühren. Den Guss anschließend mit Salz und weißem Pfeffer würzen.

Für die Toppings die Paprikaschote längs halbieren, entkernen, waschen und in feine Streifen schneiden. ½ l Wasser in einem Topf zum Kochen bringen. Den Essig dazugeben, kräftig salzen. Die Paprikastreifen darin 4 Minuten kochen, mit einem Schaumlöffel herausheben und abtropfen lassen.

Zum Fertigstellen den Backofen auf 220 °C Ober-/Unterhitze vorheizen. Den Teig auf der bemehlten Arbeitsfläche auf Blechgröße ausrollen und auf einen Bogen Backpapier legen. Den Teigrand rundherum 1 cm einklappen und mit den Zinken einer Gabel rundherum fest andrücken. Den Guss auf dem Teig verstreichen, anschließend die Zwiebelmasse gleichmäßig darauf verteilen und etwas flach drücken. Zuletzt Paprikastreifen und Oliven auf der Zwiebelmasse verteilen und leicht andrücken.

Die Pissaladière im Ofen auf der mittleren Schiene 15 bis 20 Minuten backen, bis der Teigrand leicht gebräunt und knusprig ist.

Zum Servieren die Pissaladière herausnehmen, in Stücke schneiden und noch warm, am besten mit Knoblauchcreme (siehe Tipp) genießen.

Lauch-Flammkuchen

mit marinierten Radieschen

4 Personen | 30 min | 30 min Ruhen + 25 min Backen

Teig
320 g Weizenmehl (Type 550)
+ Mehl zum Verarbeiten
4 EL Walnussöl
Salz

Tofucreme
400 g Seidentofu
2 EL Zitronensaft
2 TL helle Misopaste
3 EL Walnussöl
1 TL Ahornsirup
Kala Namak
4 Knoblauchzehen
Salz | Pfeffer aus der Mühle

Toppings
400 g Lauch
1 rote Zwiebel
200 g Radieschen
1 kleines Bund Schnittlauch
3 EL Rotweinessig
2 EL Walnussöl
2 TL Ahornsirup
Salz | Pfeffer aus der Mühle
2 EL Kürbiskerne

Backblech | Backpapier

Für den Teig Mehl, Öl, ½ TL Salz und 180 ml kaltes Wasser in einer Schüssel mit den Knethaken des Handrührgeräts zu einem glatten Teig verarbeiten. Den Teig zu einer Kugel formen, mit Mehl bestäuben und 30 Minuten ruhen lassen.

Für die Tofucreme Seidentofu, Zitronensaft, Misopaste, Öl, Ahornsirup und 2 Miniprisen Kala Namak in eine Schüssel geben. Den Knoblauch schälen und dazupressen. Alles mit dem Stabmixer glatt mixen und anschließend mit Salz und Pfeffer würzen.

Für die Toppings den Lauch putzen, in Ringe schneiden, waschen und abtropfen lassen. Anschließend in einem Topf mit Dämpfeinsatz über kochendem Wasser 2 Minuten dämpfen. Den Dämpfeinsatz herausheben und den Lauch abtropfen lassen. Die Zwiebel schälen und in feine Würfel schneiden. Den Backofen samt Blech auf der mittleren Schiene auf 250 °C Ober-/Unterhitze vorheizen.

Die Radieschen putzen, waschen und in feine Scheiben hobeln. Den Schnittlauch waschen, trocken tupfen und in feine Röllchen schneiden. Die Radieschen mit Essig, Öl und Ahornsirup verrühren.
2 EL Schnittlauchröllchen unterrühren, mit Salz und Pfeffer würzen.

Zum Fertigstellen den Teig in vier Portionen teilen. Auf der bemehlten Arbeitsfläche jeweils hauchdünn auf etwa 35 x 20 cm ausrollen und je zwei Böden nebeneinander auf einen Bogen Backpapier legen. Jeweils mit der Tofucreme bestreichen, dabei einen schmalen Rand frei lassen. Von den Toppings Lauchringe, Zwiebelwürfel und Kürbiskerne darauf verteilen. Die beiden belegtenFlammkuchen samt Backpapier auf das heiße Blech heben und 10 bis 12 Minuten knusprig braun backen. Herausnehmen. Die übrigen beiden Flammkuchen genauso backen.

Zum Servieren Pfeffer grob über die gebackenen Flammkuchen mahlen und die marinierten Radieschen darauf verteilen. Mit dem restlichen Schnittlauch bestreuen. Die Flammkuchen durchschneiden. Die zweite Portion genauso fertigstellen.

Seidentofu und Misopaste sind ein „Match made in heaven". Die Paste auf Soja-, Reis- oder Gerstenbasis entwickelt während des Fermentations-Prozesses kräftige Umami-Aromen, die den milden, fast geschmacksneutralen Tofu wunderbar unterstützen. Das funktioniert nicht nur bei asiatischen Rezepten, sondern auch bei einem mitteleuropäischen Klassiker wie Flammkuchen fantastisch.

Die Geschichte zum Rezept – Mapo-Tofu

Die westchinesische Sichuan-Küche ist seit jeher als die schärfste der chinesischen Regionalküchen bekannt. Neben Chilischoten und weißem Pfeffer findet dort bevorzugt der einheimische Szechuanpfeffer Verwendung, der durch leichte Schärfe und einen prickelnden, zitronigen Geschmack besticht. Zusätzlich hat er einen leicht betäubenden Effekt auf Zunge und Gaumen. Auch in einem der berühmtesten Gerichte der Region findet sich dieses scharfe Trio wieder.

Eine gewisse Frau Chen, die Ehefrau eines Gastronomen aus der Quing-Dynastie, soll dieses Gericht im 19. Jahrhundert in der regionalen Hauptstadt Chengdu erfunden haben. Da diese Dame schon ein fortgeschrittenes Alter erreicht hatte und zudem durch Pockennarben entstellt war, bekam das Gericht den Zusatz „Mapo", was so viel bedeutet, wie „Tofu nach Art der pockennarbigen alten Dame".

So lautet jedenfalls die Legende. Berühmt ist das Gericht vor allem für die Ausgewogenheit der Aromen, zu denen neben würzigen, salzigen, süßen und „umami" eben auch die frischen und betäubenden des Szechuanpffeffers gehören. Neben weichem, glattem Tofu und Hackfleisch ist für Mapo-Tofu eine fermentierte Chili-Bohnen-Paste, die sogenannte „Doubanjiang", unerlässlich: Sie gilt als die Seele der Sichuan-Küche!

Tofu nach Art der pockennarbigen alten Dame

Mapo-Tofu

mit Hackfleisch

2 Personen 20 min

Mapo-Tofu
1 Scheibe Ingwer
2 Knoblauchzehen
2 Frühlingszwiebeln
1 getrocknete rote Chilischote
2 TL Szechuanpfeffer (ganz)
300 g schnittfester Seidentofu (aus dem Asia-Shop)
2 EL Öl
150 g Rinderhackfleisch (ersatzweise Veggie-Hack oder gehackte Austernpilze)
2 EL Chili-Bohnen-Paste (Doubanjiang; aus dem Asia-Shop)
2 TL Zucker
80 ml Shaoxiang-Wein (Reiswein; aus dem Asia-Shop, ersatzweise 50 ml trockener Sherry)
¼ l Gemüsebrühe
1 EL Austernsauce (oder vegetarische Mushroom-Austernsauce)
1 EL Speisestärke
2 TL geröstetes Sesamöl
Salz
weißer Pfeffer aus der Mühle

Für den Mapo-Tofu Ingwer und Knoblauch schälen und in sehr feine Würfel schneiden. Die Frühlingszwiebeln putzen, waschen und in feine Ringe schneiden. Die Chilischote zerbrechen und fein hacken. Den Szechuanpfeffer im Mörser zermahlen. Den Tofu abtropfen lassen und in Würfel schneiden.

Das Öl in einer Pfanne erhitzen. Knoblauch, Ingwer, den weißen Teil der Frühlingszwiebeln und die Chilistücke darin anbraten. Hackfleisch, Veggie-Hack oder Pilze dazugeben und bröselig braten. Dann die Chili-Bohnen-Paste, den zermahlenen Szechuanpfeffer sowie den Zucker dazugeben und kurz mitbraten.

Alles mit dem Shaoxiang-Wein bzw. Sherry ablöschen und etwas verkochen lassen. Brühe und Austernsauce dazugeben und weitere 2 bis 3 Minuten köcheln lassen. Die Speisestärke mit wenig Wasser glatt rühren und dazugeben. Kurz leicht dicklich einkochen lassen.

Zum Fertigstellen die Tofuwürfel und das Sesamöl vorsichtig unter die Hackmasse heben und erhitzen. Das Gericht gegebenenfalls mit Salz und weißem Pfeffer aus der Mühle abschmecken.

Zum Servieren das Frühlingszwiebelgrün darüberstreuen.

Mapo-Tofu wird traditionell mit Basmatireis serviert.

Udon-Nudelsuppe

mit Tofu-Puffs

4 Personen 30 min

Tofupuffs
400 g schnittfester Seidentofu (aus dem Asia-Shop; gefroren und aufgetaut)
Öl zum Frittieren
½ TL Kala Namak
100 g Maisstärke
4 EL helle Sojasauce

Suppe
20 g Ingwer
2 Knoblauchzehen
2 Schalotten
2 l Gemüsebrühe
4 EL helle Misopaste
2–3 EL helle Sojasauce
2 TL Zucker
400 g Shiitakepilze
4 Frühlingszwiebeln
4 kleine Köpfe Pak Choi
1–1 ½ EL Reisessig
1 EL geröstetes Sesamöl
800 g frische Udon-Nudeln (alternativ frisch gekochte trockene Nudeln)
2 TL gemischter Sesam (hell und schwarz) zum Bestreuen

Für die Tofupuffs den aufgetauten Tofu in ein sauberes Küchentuch wickeln und mit einem Teller beschweren, sodass noch etwas Flüssigkeit heraustropft.

Für die Suppe Ingwer, Knoblauch und Schalotten schälen und in Scheiben bzw. Ringe schneiden. Gemüsebrühe, Misopaste, 2 EL Sojasauce und Zucker mit Ingwer, Knoblauch und Schalotten in einem Topf erhitzen und bei schwacher Hitze zugedeckt ziehen lassen.

Die Shiitakepilze putzen und entstielen. Die Frühlingszwiebeln putzen und waschen, den weißen Teil in normale Ringe, den grünen in sehr feine Ringe schneiden. Den Pak Choi waschen, sehr kleine Köpfe ganz lassen, größere in einzelne Blätter teilen.

Für die Tofupuffs in einem Topf 5 cm hoch Öl erhitzen. Den Tofu auswickeln, in 2 cm große Würfel schneiden und mit wenig Kala Namak einreiben. Die Maisstärke auf einen Teller häufen und die Tofuwürfel darin wenden. Mit einem Holzstäbchen testen, ob das Öl heiß genug ist. Steigen daran sofort Bläschen auf, ist die richtige Temperatur erreicht. Die Tofuwürfel in 2 bis 3 Portionen frittieren, bis sie rundherum leicht gebräunt sind. Fertige Puffs mit dem Schaumlöffel herausheben und auf Küchenpapier abtropfen lassen.

Zum Fertigstellen der Suppe inzwischen die Gewürzte Brühe durch ein Sieb in einen Topf gießen, anschließend 1 EL Reisessig und das Sesamöl unterrühren. Mit Essig und Sojasauce abschmecken und erneut aufkochen. Pak Choi, Pilze, Nudeln und den weißen Teil der Frühlingszwiebeln darin 3 bis 4 Minuten gar ziehen lassen.

Die Tofupuffs in der Sojasauce wenden.

Zum Servieren die Nudeln aus der Brühe heben und auf vier Suppenschalen verteilen. Mit den Shiitakepilzen und dem Pak Choi ebenso verfahren. Die Schälchen mit Brühe auffüllen. Die Tofupuffs in den Schalen anrichten. Mit Sesam und Frühlingszwiebelgrün bestreuen.

Um schön knusprige Puffs zuzubereiten, muss der Tofu vorab etwas Flüssigkeit loswerden. Dazu kommt er mit einem Teller beschwert und in ein Küchentuch gewickelt zum Abtropfen in ein Sieb. Durch das vorherige Einfrieren und Auftauen verliert der Tofu deutlich leichter Flüssigkeit. Die im Tofu entstandenen Luftblasen sorgen dann beim Ausbacken für besonders luftige Puffs.

Fix im Ofen gebacken und mit Pasta im Handumdrehen zu einem leckeren Gericht verrührt: Was mit Feta zum Tik-Tok-Trend geworden ist, schmeckt in der rein pflanzlichen Version mit Seidentofu noch besser. Verantwortlich dafür ist die mediterrane Gewürzmatrix aus Weißwein, Knoblauch, italienischen Kräutern und Chiliflocken. Und ein Hauch frische Zitrone rundet das Ganze formidabel ab.

Baked-Tofu-Pasta

mit Cocktailtomaten

4 Personen | 10 min | 25 min Backen

Baked Tofu
300 g schnittfester Seidentofu (aus dem Asia-Shop)
400 g Cocktailtomaten
4 Knoblauchzehen
100 ml trockner Weißwein
3 EL Olivenöl
2 TL getrocknete italienische Kräuter
2 Msp. Chiliflocken (z.B. Pul Biber)
Kala Namak
2 TL Hefeflocken
Salz | Pfeffer aus der Mühle
1 Bio-Zitrone
3 EL Ahornsirup

Pasta
400–500 g kurze Nudeln (z.B. Penne oder Casarecce)
Salz

Außerdem
1 Bund Basilikum

Auflaufform, ca. 25 × 35 cm

Für den Baked Tofu den Backofen auf 220 °C Ober-/Unterhitze vorheizen. Den Tofu mittig in die Auflaufform legen. Die Tomaten waschen, abtropfen lassen und rund um den Tofu herum verteilen. Den Knoblauch schälen, in dünne Scheiben schneiden und auf dem Tofu und den Tomaten verteilen. Weißwein und Olivenöl darüberträufeln.

Den Tofu mit Kräutern, Chiliflocken, 2 Prisen Kala Namak und Hefeflocken bestreuen, mit etwas Salz und Pfeffer würzen. Im heißen Ofen auf der mittleren Schiene etwa 15 Minuten backen.

In der Zwischenzeit das Wasser für die Nudeln aufsetzen. Die Zitrone heiß waschen, trocken reiben und die Schale fein abreiben. Nach 15 Minuten Backzeit Ahornsirup, die Hälfte der Zitronenschale und 2 EL Zitronensaft über den Tofu träufeln. Anschließend im Ofen weitere 10 Minuten backen.

Inzwischen die Pasta nach Packungsanweisung im kochenden Salzwasser bissfest garen.

Zum Fertigstellen das Basilikum waschen, trocken schütteln und die Blätter abzupfen. Die Nudeln in ein Sieb abgießen und abtropfen lassen. Die Auflaufform aus dem Ofen nehmen. Den Tofu mit einer Gabel grob zerdrücken und mit den Tomaten und dem Basilikum mischen. Mit Salz und Pfeffer und noch etwas Zitronensaft würzen. Die Nudeln untermischen und das Gericht gegebenenfalls erneut abschmecken.

Zum Servieren mit der restlichen Zitronenschale bestreuen.

Fest, vielseitig und proteinreich – Tofu mit geringem Wassergehalt ist durch die robuste Struktur bestens zum Braten und Grillen geeignet, bleibt aber auch in Suppen und Co. wunderbar in Form.

FESTER TOFU

ROBUSTER GENUSS

Larb oder auch Laap ist eines der Nationalgerichte der laotischen Küche, aber auch in Thailand äußerst beliebt. Am bekanntesten ist die Version mit gebratenem Hackfleisch. Der aromatische Salat wird allerdings auch gerne auf Basis von Fisch, Garnelen, rohem Rindfleisch, Pilzen oder Tofu zubereitet. Hier eine gänzlich vegane Version des kräuterfrischen Klassikers.

Tofu Larb Salat

mit Shiitakepilzen

4 Personen | 25 min

2 Schalotten (oder 6 kleine asiatische Schalotten)
1 kleines Bund Frühlingszwiebeln
1 Bund Minze (15 g)
1 Bund Koriandergrün (15 g)
2 Bio-Limetten
2 EL No-Fish-Sauce (oder Fischsauce)
3 TL brauner Rohrzucker
2 TL geröstetes Reispulver (siehe Tipp)
600 g fester Tofu
200 g Shiitakepilze
4 EL Öl
4 EL Sojasauce
½ TL Chiliflocken (oder -pulver)
Salz | Pfeffer aus der Mühle
2 Romana-Salatherzen
½ Salatgurke
2 EL Röstzwiebeln

Geröstetes Reispulver

Geröstetes Reispulver ist eine beliebte Zutat in der südostasiatischen Küche. Es verleiht Gerichten eine nussige Note und einen leichten Crunch. Dafür ungekochten Klebreis in einer Pfanne unter ständigem Rühren und Schwenken anrösten, bis er rundherum leicht gebräunt ist. Abkühlen lassen und im Mörser zerstoßen. In einem Glas luftdicht verschlossen aufbewahren.

Für die Sauce die Schalotten schälen und in feine Würfel schneiden. Die Frühlingszwiebeln putzen, waschen und in feine Ringe schneiden. Die Minze und das Koriandergrün waschen und trocken tupfen. Die Blätter abzupfen. Die Limetten heiß waschen und trocken reiben. Die Schale fein abreiben und den Saft auspressen.

In einer großen Schüssel Limettensaft, No-Fish-Sauce, 2 TL Zucker und das geröstete Reispulver zu einer Sauce verrühren. Die Schalotten und den weißen Teil der Frühlingszwiebeln dazugeben und in der Sauce marinieren.

Den Tofu raspeln und anschließend mit den Händen noch weiter zerkleinern. Die Pilze putzen, entstielen und in feine Würfel schneiden. Das Öl in einer großen Pfanne erhitzen. Den Tofu und die Pilze darin 8 bis 10 Minuten bröselig braten. Dann 1 TL Zucker dazugeben und leicht karamellisieren lassen. Die Tofu-Pilz-Mischung mit der Sojasauce ablöschen und diese verkochen lassen. Die Chiliflocken bzw. das -pulver untermischen, mit Salz und Pfeffer würzen.

Die Tofu-Pilz-Mischung in die Schüssel mit der Sauce geben und alles gut vermischen. Die Salatherzen in einzelne Blätter teilen, die Blätter waschen und trocken schleudern. Die Gurke waschen, abtrocknen und in kleine Würfel schneiden.

Zum Fertigstellen die Limettenschale, Koriandergrün, die Hälfte der Minzeblätter, die grünen Frühlingszwiebelringe (bis auf 2 EL) und die Röstzwiebeln unter den Tofusalat mischen. Den Salat gegebenenfalls nochmal abschmecken.

Zum Servieren den Salat in Schälchen anrichten. Die Salatblätter auf einer Platte verteilen, die Gurkenwürfel sowie die übrige Minze und die Frühlingszwiebelringe in Schälchen füllen. Bei Tisch kann so jeder selbst den Salat auf die Blätter häufen, mit Gurkenwürfeln, Frühlingszwiebeln und Minze nach Geschmack toppen und direkt aus der Hand genießen.

Couscoussalat

mit Chermoula-Tofu

4 Personen 45 min

Salat
350 ml Gemüsebrühe
1 Döschen Safranpulver (0,1 g)
200 g Couscous
1 Bund Petersilie (15 g)
4 EL Olivenöl
6 EL Orangensaft
2 EL Weißweinessig
1 EL Ahornsirup
Salz | Pfeffer aus der Mühle
500 g Blumenkohl
400 g fermentierter Tofu (Feto oder Seite 161)
4 EL Granatapfelkerne

Chermoulapaste
1 Bund Koriandergrün (15 g)
1 Bund Petersilie (15 g)
2 Knoblauchzehen
1 Bio-Zitrone
4 EL Olivenöl
1 TL Ahornsirup
1 Döschen Safranpulver (0,1 g)
1 TL gemahlener Kreuzkümmel
½ TL edelsüßes Paprikapulver
Salz | Pfeffer aus der Mühle

Ofenrost | Backpapier

Für den Salat die Brühe mit dem Safran in einem Topf aufkochen, den Couscous einstreuen und die Brühe erneut aufkochen. Den Topf vom Herd nehmen und den Couscous zugedeckt 10 Minuten quellen lassen.

Die Petersilie waschen und trocken tupfen, die Blätter abzupfen und fein hacken. Die gehackte Petersilie (bis auf 2 EL) in einer großen Schüssel mit 2 EL Olivenöl, Orangensaft, Essig, Ahornsirup sowie etwas Salz und Pfeffer mischen. Den Couscous auflockern, mit dem Dressing mischen und beiseitestellen.

Für die Chermoulapaste das Koriandergrün und die Petersilie waschen und trocken tupfen. Die Blätter abzupfen und grob hacken. Den Knoblauch schälen und grob zerkleinern. Die Zitrone heiß waschen und trocken reiben, die Schale abreiben und den Saft auspressen. Kräuter, Knoblauch, Zitronenschale und 2 ½ EL Zitronensaft im Blitzhacker mit Olivenöl, Ahornsirup, Safran, Kreuzkümmel und Paprikapulver fein mixen. Die Paste mit Salz und Pfeffer würzen.

Für den Blumenkohl den Backofen auf 220 °C Ober-/Unterhitze vorheizen. Den Blumenkohl waschen und in kleine Röschen teilen. Die Röschen mit der Hälfte der Chermoulapaste mischen, auf dem mit Backpapier ausgelegten Rost verteilen und im Ofen auf der mittleren Schiene 25 Minuten goldbraun backen.

Den Tofu jeweils waagerecht halbieren und dann einmal quer halbieren. 2 EL Olivenöl in einer Pfanne erhitzen und die Scheiben darin portionsweise von beiden Seiten anbraten, bis sie leicht gebräunt sind. Herausnehmen, in der restlichen Paste wenden und zum Blumenkohl auf den Rost legen. Weiterbacken, bis der Blumenkohl gar und leicht gebräunt ist.

Zum Fertigstellen den Couscous mit Zitronensaft, Salz und Pfeffer abschmecken, dann den Blumenkohl unterheben. Den Salat auf Tellern oder in Salatschalen häufen. Den Tofu darauf anrichten. Mit der restlichen Petersilie sowie den Granatapfelkernen garniert servieren.

Als eine der beliebtesten Marinaden spielt Chermoula eine große Rolle in der nordafrikanischen Küche. Dort würzt sie Fleisch, Fisch und Gemüse, verträgt sich aber auch bestens mit Tofu. Je nach Region ist sie mit reichlich Koriandergrün mal eher kräuterlastig, mal dominieren Safran, Paprikapulver oder andere Gewürze. Ein frisch-würziger Genuss ist sie in jedem Fall.

Shredded Tofu hat das Potenzial, dem Platzhirsch im Pulled-Segment – dem Pulled Pork – den Rang abzulaufen. Ein Großteil des Geschmacks kommt ohnehin von der reichhaltigen Barbecuesauce, mit der hier der milde Tofu glasiert wird. So verwandelt er sich im Handumdrehen in einen BBQ-Hochgenuss, der ein formidables Topping für knusprig ausgebackene Tostadas abgibt.

Tostadas

mit Mango-Coleslaw und shredded Barbecue-Tofu

4 Personen | 45 min

Mango-Coleslaw
200 g Spitzkohl
100 g Möhren
1 Mango (nicht zu reif; ca. 400 g)
100 g veganer Crème-fraîche-Ersatz
3 EL Limettensaft
1 EL Balsamico bianco
1 EL Ahornsirup
1 TL Dijon-Senf
Salz | Pfeffer aus der Mühle

Avocadomus
1 reife Avocado
3 EL Limettensaft
Salz | Pfeffer aus der Mühle

Barbecue-Tofu
2 EL Tomatenmark
5 EL Ahornsirup
2 EL Limettensaft
2 EL Balsamico bianco
2 EL Sojasauce
1 TL geräuchertes Paprikapulver
Salz | Pfeffer aus der Mühle
400 g fester Tofu
2 Zwiebeln
3 EL Öl
4 EL getrocknete Cranberrys

Tostadas
4 große Weizentortillas (280–300 g)
Öl zum Frittieren

Außerdem
1 Beet Kresse (z.B. Rote-Rettich-Kresse)

Für den Coleslaw den Spitzkohl waschen und in Streifen schneiden oder hobeln. Die Möhren und die Mango schälen, das Mangofruchtfleisch vom Stein lösen und beides ebenfalls in feine Streifen schneiden. Für das Dressing veganen Crème-fraîche-Ersatz, Limettensaft, Balsamico bianco, Ahornsirup und Senf verrühren. Mit Salz und Pfeffer würzen. Das Dressing in einer großen Schüssel mit den Kohl-, Möhren- und Mangostreifen mischen und den Coleslaw etwas durchziehen lassen.

Für das Avocadomus die Avocado halbieren, entkernen und schälen. Das Fruchtfleisch mit einer Gabel fein zerdrücken. Mit dem Limettensaft glatt rühren und mit Salz und Pfeffer würzen.

Für den Barbecue-Tofu zunächst die Sauce vorbereiten. Dafür Tomatenmark, 4 EL Ahornsirup, Limettensaft, Balsamico, Sojasauce und Paprikapulver verrühren. Mit Salz und reichlich Pfeffer würzen.

Den Tofu mit einer Gabel zerpflücken. Die Zwiebeln schälen und in Ringe schneiden. Das Öl in einer großen Pfanne erhitzen. Die Zwiebelringe und den Tofu darin etwa 10 Minuten anbraten, bis der Tofu rundherum leicht gebräunt und knusprig ist. Die Cranberrys unterrühren und kurz mitbraten. 1 EL Ahornsirup dazugeben und etwas karamellisieren lassen. Die Sauce unterrühren und den Tofu damit überziehen. Gegebenenfalls mit Salz und Pfeffer abschmecken.

Für die Tostadas die Tortillas vierteln und mehrfach mit einer Gabel einstechen. 4 cm hoch Öl in einem Topf erhitzen, die Tortillas darin bei nicht zu starker Hitze jeweils insgesamt etwa 1 Minute goldbraun frittieren, dabei mit dem Schaumlöffel leicht nach unten drücken, damit sie nicht zu sehr aufgehen. Einmal wenden. Fertige Tortillaecken mit dem Schaumlöffel herausheben und auf Küchenpapier abtropfen lassen.

Zum Servieren die Tostadas mit Avocadocreme bestreichen, dann mit Coleslaw und Barbecue-Tofu toppen. Die Kresse abschneiden und darüberstreuen. Sofort genießen.

LAKSA

Die Geschichte zum Rezept – Malayische Laksa

Die Straße von Malakka zwischen der zu Malaysia gehörenden Malakka-Halbinsel und dem indonesischen Sumatra ist seit jeher eine wichtige Handelsroute Südostasiens. So wanderten schon seit Jahrhunderten aus anderen asiatischen Regionen Menschen zu, um dort Handel zu betreiben. Chinesische, aber auch indische Männer gingen Verbindungen mit malayischen und indonesischen Frauen ein, woraus sich die Baba-Nyonya oder Peranakan-Kultur der Region entwickelte, welche Menschen umfasst, die aus gemischten Familien stammen.

Diese jahrhundertealten kulturellen Einflüsse spiegeln sich auch in der kulinarischen Identität der Region wider. Sie gilt als Heimat des malayischen und singapurischen Nationalgerichts Laksa, einer Suppe, die als Mischung aus chinesischer Nudelsuppen und aromatischer südostasiatischer Currys gesehen werden kann. Basis ist eine reichhaltige Paste, die – ähnlich wie Thai-Currypasten – zahlreiche frische und würzige Zutaten wie Galgant, Limettenblätter oder Chilischoten enthalt. Charakteristisch ist die Verwendung von Garnelenpaste, in der malayischen Küche „belacan" genannt.

Das Highlight neben der aromatischen Suppenbasis sind die reichhaltigen Toppings und Einlagen, die von Eiern, Hähnchen, Crackern, Kräutern und Sprossen bis zu luftigen Tofupuffs reichen können – letztere vermutlich auch ein Mitbringsel der chinesischen Einwanderer.

Chinesische Nudelsuppe küsst Curry

Malayische Laksa

mit Tofupuffs

4 Personen 45 min

Laksapaste

1 Schalotte
3 Knoblauchzehen
20–30 g Galgant (ersatzweise Ingwer)
4 Kaffir-Limettenblätter
2 Stängel Zitronengras
½ TL Koriandersamen
6 getrocknete Chilischoten
2 EL Cashewmus
2 TL Garnelenpaste (Belacan)
2 EL getrocknete Shrimps
½ TL Tamarindenpaste
1 TL gemahlene Kurkuma
2 EL Kokosblütenzucker (oder Rohrohrzucker)
2 EL Öl

Suppe

2 EL Öl
1 l Hühnerbrühe
400 ml cremige Kokosmilch

Einlagen und Toppings

250 g asiatische Suppennudeln (Weizen- oder Reisnudeln)
Salz
120 g Salatgurke
100 g Sojabohnensprossen
250 g TK-Garnelen (geschält)
1 Bio-Limette
4 Stiele Minze (oder vietnamesischer Koriander)

Tofupuffs

200 g fester oder mittelfester Tofu (gefroren und wieder aufgetaut)
Öl zum Frittieren

Für die Laksapaste Schalotte, Knoblauch und Galgant schälen und grob klein schneiden. Die Limettenblätter waschen und in Streifen schneiden. Vom Zitronengras die welken Außenblätter und die obere, trockene Hälfte enfternen, die untere Hälfte fein hacken. Die Koriandersamen in einer Pfanne anrösten, bis sie duften. Die Chilis zerbröckeln. Alle Laksazutaten im Blitzhacker sehr fein pürieren.

Für die Suppe das Öl in einem Topf erhitzen. Die Laksapaste darin 2 bis 3 Minuten anschwitzen, bis sie fein duftet. Mit Brühe und 200 ml Wasser aufgießen, alles zum Kochen bringen, dann bei schwacher bis mittlerer Hitze köcheln lassen, bis alle Einlagen vorbereitet sind.

Für die Einlagen und Toppings die Nudeln nach Packungsanweisung in leicht gesalzenem Wasser garen. Die Gurke waschen und in sehr feine Streifen schneiden. Die Sprossen waschen und abtropfen lassen. Die Garnelen kalt abspülen und abtropfen lassen. Die Limette heiß waschen und trocken reiben, anschließend vierteln. Die Minze waschen und trocken schütteln, die Blätter abzupfen. Die Nudeln abgießen, abtropfen lassen und auf Suppenschalen verteilen.

Für die Tofupuffs den Tofu etwas auspressen, dann in ein sauberes Küchentuch wickeln und weiter auspressen. Den Block in 3 bis 4 cm große Würfel schneiden und mit Küchenpapier trocken tupfen.
5 cm hoch Öl in einem Topf erhitzen. Mit einem Holzstäbchen testen, ob das Fett heiß genug ist. Wenn beim Hineinhalten sofort Bläschen aufsteigen, ist die richtige Temperatur erreicht. Die Tofuwürfel portionsweise im heißen Fett jeweils 6 bis 7 Minuten frittieren, bis sie knusprig und leicht gebräunt sind. Mit dem Schaumlöffel herausnehmen und auf Küchenpapier abtropfen lassen.

Zum Fertigstellen die Kokosmilch in die Suppe geben, erneut aufkochen, dann die Temperatur reduzieren. Die Garnelen in der Suppe 4 bis 5 Minuten garziehen lassen, dann aus der Suppe heben. Die Suppe über die Nudeln gießen, Gurkenstreifen, Sprossen, Garnelen, Tofupuffs und Minze darauf verteilen. Die Limettenviertel zum Nachwürzen darauf oder daneben anrichten. Sofort servieren.

Levantinische Linsensuppe

mit crispy Dukkah-Tofu

4 Personen 45 min

Dukkah-Tofu
200 g fester Tofu
1 EL Zitronensaft
2 TL Dukkah
Salz | Pfeffer aus der Mühle
40 g Weizenmehl (Type 405)
1 Ei (oder entsprechende Menge veganer Eiersatz)
50 g Panko (asiat. Paniermehl)
Öl zum Frittieren

Suppe
1 Zwiebel
2 Knoblauchzehen
1 EL Olivenöl
1 TL Zucker
1 TL Dukkah
200 g getrocknete rote Linsen
1 l Gemüsebrühe
1 Bio-Zitrone
1 EL Cashewmus
Salz | Pfeffer aus der Mühle

Außerdem
1 Stiel Petersilie
1 Stiel Dill
1–2 EL Olivenöl
½ TL Schwarzkümmelsamen

Dukkah

Ein genialer Klassiker der ägyptischen Küche, aber inzwischen im ganzen nahen Osten beliebt. Das Besondere: Zur Gewürzmischung – etwa aus Koriandersamen, Kreuzkümmel, Nelken und Fenchel – kommen häufig noch gemahlene Nüsse oder Kerne hinzu. Diese sorgen für eine besonders warme und milde Note.

Für den Dukkah-Tofu den Tofu in 2 bis 3 cm große Würfel schneiden und trocken tupfen. Zuerst mit dem Zitronensaft vermengen, bis die Würfel rundum benetzt sind, dann mit dem Dukkah mischen. Mit Salz und Pfeffer würzen.

Zum Panieren das Mehl auf einem Teller bereitstellen. Auf einem zweiten Teller das Ei mit etwas Salz verquirlen oder den veganen Eiersatz bereitstellen. Das Panko auf einen dritten Teller häufen.

Für die Suppe die Zwiebel und den Knoblauch schälen und in feine Würfel schneiden. Das Olivenöl in einem Topf erhitzen und beides darin glasig dünsten. Zucker hinzufügen und leicht karamellisieren. Dukkah dazugeben und kurz mitdünsten. Die Linsen hinzufügen und alles gut verrühren. Mit der Brühe aufgießen, alles langsam aufkochen und zugedeckt bei schwacher Hitze etwa 15 Minuten köcheln lassen, bis die Linsen gar sind.

Die Zitrone heiß abwaschen, trocken reiben und halbieren. Von einer Hälfte die Schale abreiben und den Saft auspressen (die zweite Hälfte wird später zum Servieren verwendet). Die Zitronenschale, 2 EL Zitronensaft und das Cashewmus in die Suppe rühren. Die Suppe fein pürieren und mit Salz und Pfeffer würzen. Zugedeckt warm halten.

Für den Dukkah-Tofu in einem Topf 5 cm hoch Öl erhitzen. Zum Panieren die Tofuwürfel im Mehl wenden, dann durch das Ei oder den veganen Eiersatz ziehen und zuletzt im Panko wenden, bis sie komplett überzogen sind. Mit einem Holzstäbchen testen, ob das Öl heiß genug ist. Steigen daran beim Hineinhalten sofort Bläschen auf, ist die richtige Temperatur erreicht.

Die Tofuwürfel portionsweise bei nicht zu starker Hitze etwa 5 Minuten rundherum goldbraun frittieren. Fertige Würfel mit dem Schaumlöffel herausheben und auf Küchenpapier abtropfen lassen.

Zum Fertigstellen die Petersilie und den Dill waschen und trocken schütteln. Die Blätter abzupfen und fein hacken. Die übrige Zitronenhälfte in Schnitze schneiden.

Zum Servieren die Suppe mit dem Stabmixer noch einmal aufmixen und auf tiefe Teller oder Suppenschalen verteilen. Mit etwas Olivenöl beträufeln und den Dukkah-Tofu darauf anrichten. Mit Petersilie, Dill und Schwarzkümmel bestreuen. Die Zitronenschnitze dazureichen, damit jeder nach Belieben nachwürzen kann.

Creamy Sherry-Pasta

mit Salbei und Walnüssen

4 Personen 25 min

Sauce
300 g Seidentofu
6 cl Sherry (fino)
4 EL Walnussöl
Kala Namak
Salz | Pfeffer aus der Mühle

Gemüse-Tofu-Mix
2 Zwiebeln
3 Knoblauchzehen
½ rote Paprikaschote
3 Stiele Salbei
300 g Räuchertofu
4 EL Olivenöl
4 EL Sojasauce
2 EL Weißweinessig
Salz | Pfeffer aus der Mühle
2 TL Zucker

Außerdem
400 g lange Pasta (z.B. Linguine)
Salz
60 g Walnusskerne

Für die Sauce den Seidentofu mit Sherry, Walnussöl und 2 Miniprisen Kala Namak glatt rühren. Mit Salz und Pfeffer würzen.

Für den Gemüse-Tofu-Mix die Zwiebeln und den Knoblauch schälen und in kleine Würfel schneiden. Die Paprikahälfte entkernen, waschen und in kleine Würfel schneiden. Den Salbei waschen und trocken tupfen, die Blätter abzupfen und in Streifen schneiden.

Die Nudeln in reichlich kochendem Salzwasser nach Packungsanweisung bissfest garen.

Inzwischen für den Gemüse-Tofu-Mix den Räuchertofu in kleine Würfel schneiden. 2 EL Olivenöl in einer Pfanne erhitzen und die Tofuwürfel darin rundherum anbraten. Mit der Sojasauce sowie 1 EL Essig ablöschen und die Flüssigkeit verkochen lassen. Die Tofuwürfel mit Salz und Pfeffer würzen und beiseitestellen.

Eine Tasse Nudelwasser abnehmen, die Nudeln in ein Sieb abgießen und abtropfen lassen.

2 EL Olivenöl in einer großen Pfanne erhitzen. Die Zwiebel- und Paprikawürfel darin anbraten. Den Salbei und den Knoblauch dazugeben und 1 Minute mitbraten. Dann den Zucker unterrühren und leicht karamellisieren lassen. Anschließend mit 1 EL Essig ablöschen. Das Gemüse mit Salz und Pfeffer würzen.

Zum Fertigstellen die Hälfte des Räuchertofus in die Pfanne zum Gemüse geben und durchschwenken, dann die Nudeln und die Sauce dazugeben und unter Rühren erhitzen. Die Pasta mit Salz und Pfeffer abschmecken. Falls die Sauce zu fest wird, noch etwas Nudelwasser unterrühren, bis eine schön cremige Konsitenz entsteht.

Zum Servieren die Pasta auf tiefe Teller verteilen und etwas Pfeffer grob darüber mahlen. Die Walnüsse zerbröckeln und mit dem restlichen Tofu als Topping über die Pasta streuen.

Quinoa-Bowl

mit Cashew-Tofu und Mango-Salsa

4 Personen 40 min

Quinoa
250 g Quinoa
400 ml Gemüsebrühe

Mango-Salsa
300 g Mangofruchtfleisch
1 kleine Schalotte
2 rote Chilischoten
4 Stiele Koriandergrün
+ 2 Stiele für die Deko
2 TL Agavendicksaft
2 EL Limettensaft
Salz | Pfeffer aus der Mühle

Gemüse-Komponenten
½ Salatgurke
Salz | Pfeffer aus der Mühle
250 g bunte Cocktailtomaten
150 g Pflücksalat
1 reife Avocado
1 EL Limettensaft

Cashew-Tofu
400 g fester Tofu
4 EL Cashewmus
4 EL Sojasauce
3 EL Limettensaft
1 Knoblauchzehe
6 EL geröstete Cashewkerne
3 EL Öl

Die Quinoa in einem Topf mit Wasser bedecken und gründlich waschen. Das Wasser abgießen. Die Quinoa mit der Brühe und 100 ml frischem Wasser aufgießen und zugedeckt zum Kochen bringen. Anschließend bei schwacher Hitze 15 Minuten köcheln lassen, dann vom Herd nehmen und mit geschlossenem Deckel quellen lassen.

Inzwischen für die Mango-Salsa das Mangofruchtfleisch in Würfel schneiden. Die Schalotte schälen und in feine Würfel schneiden. Die Chilis waschen, längts aufschlitzen, entkernen und in feine Ringe schneiden. Das Koriandergrün waschen und trocken tupfen, die Blätter abzupfen und fein hacken. Die zerkleinerten Zutaten in einer Schüssel mit dem Agavendicksaft und dem Limettensaft verrühren. Die Salsa mit Salz und Pfeffer würzen und 10 Minuten ziehen lassen.

Für die Gemüse-Komponenten die Gurke waschen, in Würfel schneiden und mit Salz und Pfeffer würzen. Die Cocktailtomaten waschen und halbieren. Den Salat waschen und trocken schleudern, große Blätter mundgerecht zurechtzupfen. Die Avocado halbieren und entkernen, schälen und in Spalten schneiden. Die Spalten mit dem Limettensaft einpinseln, salzen und pfeffern.

Für den Cashew-Tofu den Tofu in ein sauberes Küchentuch wickeln und kräftig auspressen, anschließend mit den Händen grob klein zupfen. Das Cashewmus mit der Sojasauce und dem Limettensaft glatt rühren. Den Knoblauch schälen und dazupressen. Die Cashewkerne grob hacken.

Das Öl in einer beschichteten Pfanne erhitzen. Den Tofu darin etwa 8 Minuten rundherum knusprig braten, anschließend mit Salz und Pfeffer würzen. Das gewürzte Cashewmus und 4 EL Cashewkerne dazugeben und weiterbraten, bis sich Sauce und Kerne um den Tofu gelegt haben. Vom Herd nehmen.

Zum Fertigstellen die Quinoa mit einer Gabel etwas auflockern. Vier Salatschalen mit dem Salat auslegen und die Quinoa darauf häufen. Gurkenwürfel, Tomatenhälften, Avocadospalten, Mango-Salsa und Cashew-Tofu darauf anrichten.

Zum Servieren die Bowls mit dem restlichen Koriandergrün und den 2 EL Cashewkernen garnieren.

Tofu Sisig

in milder Sauce

2 Personen 30 min

Sauce

1 ½ EL helle Sojasauce
1 EL (vegane) Austernsauce
1 ½ EL Limettensaft
(oder Kalamansi-Saft)
2 TL Kokosblütenzucker
(oder Rohrohrzucker)
1 Knoblauchzehe
Pfeffer aus der Mühle

Tofu-Gemüse-Mix

1 rote Paprikaschote
2 rote Chilischoten
2 Frühlingszwiebeln
1 rote Zwiebel
1 Knoblauchzehe
100 g Shiitakepilze
400 g fester Tofu
Öl zum Ausbacken
2 EL (vegane) Mayonnaise
Salz | Pfeffer aus der Mühle

Einfach vegan

Wenn ihr vegane Austernsauce und Mayonnaise verwendet, wird das Gericht 100 % pflanzlich.

Für die Sauce Sojasauce, Austernsauce, Limettensaft, Zucker und 50 ml Wasser verrühren. Den Knoblauch schälen und dazupressen. Die Sauce mit Pfeffer würzen.

Für den Tofu-Gemüse-Mix die Paprika halbieren, entkernen, waschen und in kleine Würfel schneiden. Die Chilis waschen und in Ringe schneiden. Die Frühlingszwiebeln putzen, waschen und in feine Ringe schneiden. Die Zwiebel und den Knoblauch schälen und in feine Würfel schneiden. Die Pilze putzen, die Stiele entfernen. Die Kappen in kleine Würfel schneiden. Den Tofu in ein sauberes Küchentuch wickeln und kräftig auspressen. Anschließend ebenfalls in kleine Würfel schneiden.

2 cm hoch Öl in einer Pfanne erhitzen und die Tofuwürfel darin portionsweise knusprig ausbacken. Das dauert je nach Wassergehalt zwischen 5 und 8 Minuten. Jede Portion mit dem Schaumlöffel herausheben und auf Küchenpapier abtropfen lassen. Einen Großteil des Öls abgießen, sodass nur ein dünner Film in der Pfanne bleibt.

Von den Zwiebelwürfeln und Frühlingszwiebelringen je 1 EL für die Deko abnehmen. Die übrigen Zwiebeln im Öl anbraten, anschließend die Paprikawürfel, die Hälfte der Chiliringe, den Knoblauch und die Pilze dazugeben und das Gemüse etwa 8 Minuten braten, bis alles gar und leicht gebräunt ist. Dann die Tofuwürfel und die Frühlingszwiebeln hinzufügen und kurz mitbraten. Die Sauce unterrühren, sodass alle Zutaten damit überzogen werden. Dann die Mayonnaise unterrühren und den Tofu-Gemüse-Mix mit Salz und Pfeffer abschmecken.

Zum Servieren den Tofu Sisig mit den beiseitegelegten Zwiebeln, Frühlingszwiebeln und Chiliringen garnieren. Dazu passt Reis.

Mit klein geschnittenem Schweinebauch und Hühnerleber, aber auch in der vegetarischen Variante mit gewürfeltem Tofu, ist Sisig eines der bekanntesten Gerichte Luzons, der bevölkerungsreichsten Insel der Philippinen, insbesondere der Region nördlich von Quezon City. Traditionell wird es mit Kalamansi-Saft aromatisiert, einer lokalen Zitrusfrucht, die eine Hybridform aus Mandarine und Kumquat ist.

Gefüllte Tofu-Piccata

mit glasierten Tomaten und Polenta

4 Personen · 60 min

Piccata-Würzpaste
4 Knoblauchzehen
2 TL getrocknete italienische Kräuter
1 TL geräuchertes Paprikapulver
1 TL Zucker
2 TL mittelscharfer Senf
½ TL Salz
2 Miniprisen Kala Namak
½ TL Pfeffer aus der Mühle
abgeriebene Schale von 1 Bio-Zitrone
4 EL Öl

Tofu-Piccata
2 dünne Blöcke fester Tofu oder fermentierter Tofu (à 200 g, gefroren und aufgetaut)
8 TL Pesto rosso (nach Belieben vegan)
2 Eier (M, bzw. veganer Eiersatz)
100 g Weizenmehl (Type 405)
80–100 g Panko (asiat. Paniermehl)
Öl zum Ausbacken

Glasierte Tomaten
500 g Cocktailtomaten
2 Knoblauchzehen
4 TL Ahornsirup
2 EL Olivenöl
1 kleines Bund Basilikum
Salz | Pfeffer aus der Mühle

Polenta
800 ml Gemüsebrühe
200 ml Haferdrink
2 Knoblauchzehen
200 g Polenta (Maisgrieß)
2 EL Mandelmus
Salz | Pfeffer aus der Mühle

Auflaufform ca. 25 × 35 cm

Für die Piccata-Würzpaste den Knoblauch schälen, pressen und mit den übrigen Zutaten glatt rühren.

Für die Tofu-Piccata den Backofen auf 200 °C Ober-/Unterhitze vorheizen. Den Tofu in ein sauberes Küchentuch wickeln und kräftig ausdrücken. Die Tofublöcke waagerecht halbieren, dann einmal quer halbieren und waagerecht Taschen hineinschneiden. Die Tofuscheiben vorsichtig seitlich zusammendrücken, sodass sich die Taschen leicht öffnen. Jeweils 1 TL Pesto hineingeben. Die Tofuscheiben rundum mit der Piccata-Würzpaste bestreichen und in eine Auflaufform legen.

Für die glasierten Tomaten den Backofen auf 200 °C Ober-/Unterhitze vorheizen. Die Tomaten waschen, abtrocknen und in einer Auflaufform verteilen. Den Knoblauch schälen, in Scheiben schneiden und zwischen den Tomaten verteilen. Ahornsirup und Olivenöl darüberträufeln. Die Tomaten im Ofen auf der mittleren Schiene 30 Minuten garen. Den Tofu ebenfalls auf der mittleren Schiene 15 Minuten backen, nach 10 Minuten einmal wenden. Den Tofu anschließend herausnehmen und leicht abkühlen lassen.

Inzwischen zum Panieren die Eier bzw. den veganen Eiersatz in einem tiefen Teller verquirlen. Mehl und Panko auf zwei weitere Teller häufen. Die Tofuscheiben nacheinander im Mehl wenden, dann durch das Ei bzw. den Eiersatz ziehen und zuletzt im Panko wenden.

Für die Polenta die Brühe mit dem Haferdrink aufkochen. Den Knoblauch schälen und dazupressen. Die Polenta einstreuen und mit geschlossenem Deckel bei nicht zu starker Hitze unter gelegentlichem Rühren 10 Minuten köcheln lassen. Zuletzt das Mandelmus unterrühren. Die gegarte Polenta mit Salz und Pfeffer würzen und zugedeckt warm halten.

Für die Piccata 1 cm hoch Öl in einer Pfanne erhitzen. Die Tofuscheiben im heißen Öl von beiden Seiten knusprig braun ausbacken, herausheben und auf Küchenpapier abtropfen lassen.

Für die glasierten Tomaten das Basilikum waschen, trocken schütteln und die Blätter abzupfen. Die Tomaten aus dem Ofen nehmen, das Basilikum untermischen und alles mit Salz und Pfeffer würzen.

Zum Servieren die Polenta glatt rühren und auf Teller verteilen, Tofu-Piccata und Tomaten darauf anrichten. Nach Belieben Zitronenschnitze zum Würzen dazu reichen.

Die Geschichte zum Rezept – Hakka Style Stuffed Tofu

Die Hakka sind eine der acht großen Volksgruppen der Han-Chinesen, die mit rund 1,3 Milliarden Menschen das größte Volk der Erde darstellen. Ursprünglich in Nordchina beheimatet, wanderte das Volk in verschiedenen Migrationsbewegungen Richtung Süden und lebt heute mehrheitlich in der an Hongkong grenzenden Region Guangdong, aber auch auf Taiwan. Kulinarisch sind die Hakka nicht für überbordende Aromenvielfalt bekannt, sondern für einfache, herzhafte und äußerst schmackhafte Gerichte mit gedünstetem, gebratenem oder geschmortem Fleisch.

Durch die Wanderungsbewegungen in neue Provinzen an der Küste gehören heute auch Fisch und Meeresfrüchte zum Standard-Repertoire. Eine der beliebtesten Mahlzeiten waren seit jeher fleischgefüllte Dumplings, eine Art Knödel auf Weizenbasis. Da im Süden Chinas kein Weizen wächst, wusste man sich zu helfen und fing an, stattdessen Tofu mit der herzhaften Fleischfarce zu füllen – der neue „Signature Dish" der Hakka Cuisine war geboren.

Heute ist bei den Hakka kein Büfett komplett ohne den leckeren gefüllten Tofu. Bei den Füllungen und der Form des Tofus wird jedoch inzwischen sehr viel variiert, so wird die Fleischfarce gerne noch mit Garnelen oder Pilzen verfeinert.

Einfach, herzhaft – und wahnsinnig tasty!

Hakka Style Stuffed Tofu

mit Hackfleisch

2 Personen 35 min

Stuffed Tofu
150 g Buchenpilze (Shimeji)
1 Knoblauchzehe
1 haselnussgroßes Stück Ingwer
2 Frühlingszwiebeln
100 g Schweinehackfleisch
1 TL asiatische Garnelenpaste
1 EL Sojasauce
½ TL geröstetes Sesamöl
Salz | weißer Pfeffer aus der Mühle
2 Blöcke fester Tofu (à 200 g)
2 EL Öl
1 TL gerösteter Sesam

Sauce
1 EL helle Sojasauce
1 EL Austernsauce
1 EL geröstetes Sesamöl
1 EL Reisessig
1 TL Zucker
1 EL Speisestärke
1 Knoblauchzehe
weißer Pfeffer aus der Mühle

Buchenpilze

Buchenpilze stammen ursprünglich aus Japan, werden aber inzwischen auch in Europa angebaut. Sie behalten beim Garen wunderbar ihre Form und überzeugen mit einem nussigen, leicht anisartigen Geschmack. Roh sind sie allerdings nicht bekömmlich.

Für den Tofu die Buchenpilze von der Basis abschneiden und eine Hälfte in kleine Würfel schneiden. Den Knoblauch und den Ingwer schälen, den Knoblauch fein würfeln, den Ingwer fein reiben. Die Frühlingszwiebeln putzen, waschen und in feine Ringe schneiden.

Das Hackfleisch mit den gewürfelten Pilzen, der Hälfte der Frühlingszwiebeln, Knoblauch, Ingwer, Garnelenpaste, Sojasauce und Sesamöl mischen und mit Salz und Pfeffer würzen.

Die Tofublöcke längs halbieren und anschließend quer dritteln. Mit einem Messer in jedes Tofustück ein Quadrat ein-, aber nicht ganz durchschneiden und mit einem Löffel tief aushöhlen. Die anfallenden Tofureste anderweitig verwenden. Die ausgehöhlten Tofustücke mit der Hackfleischmasse füllen, die Füllung glatt streichen.

Für die Sauce Sojasauce, Austernsauce, Sesamöl, Reisessig und 125 ml Wasser mit Zucker und Speisestärke glattrühren. Den Knoblauch schälen, dazupressen und unterrühren. Die Sauce zuletzt mit weißem Pfeffer würzen.

Für den Tofu das Öl in einer großen beschichteten Pfanne erhitzen. Den Tofu mit der Füllung nach unten in der Pfanne mit geschlossenem Deckel anbraten, bis das Hackfleisch leicht gebräunt ist. Anschließend nach und nach alle Seiten anbraten, dabei immer wieder den Deckel auflegen.

Zum Fertigstellen die übrigen Buchenpilze und den weißen Teil der Frühlingszwiebeln zum Tofu in die Pfanne geben und 1 bis 2 Minuten mitbraten. Dann die Sauce dazugießen und kurz dicklich einkochen lassen, gegebenenfalls mit wenig Wasser verdünnen.

Zum Servieren die gefüllten Tofustücke mit dem Frühlingszwiebelgrün und dem Sesam bestreuen. Dazu passt Reis.

Tofu-Steinpilz-Burger

mit karamellisierten Zwiebeln und Haselnuss-Mayo

4 Personen | 40 min

Pattys
1 Zwiebel
3 Knoblauchzehen
300 g Räuchertofu
15 g getrocknete Steinpilze
50 g Seitan-Fix
4 EL Öl
2 TL Dijonsenf
2 TL Zucker
2 EL Sojasauce
1 EL Weißweinessig
2 TL getrocknete Kräuter der Provence
Salz | Pfeffer aus der Mühle

Haselnuss-Mayo
1 Knoblauchzehe
2 EL Haselnussmus
2 EL Zitronensaft
4 EL Öl
1 TL Weißweinessig
1 TL Dijonsenf
Kala Namak
Salz | Pfeffer aus der Mühle

Karamellisierte Zwiebeln
2 Zwiebeln | 1 EL Öl
100 ml trockener Weißwein
2 EL Zucker
1 EL Weißweinessig
Salz | Pfeffer aus der Mühle

Außerdem
80 g junger Spinat
4 Essiggurken
4 Burger Buns
4 EL Ketchup

Ofenrost | Backpapier

Für die Pattys den Backofen auf 200 °C Ober-/Unterhitze vorheizen. Die Zwiebel und den Knoblauch schälen und in feine Würfel schneiden. Den Tofu mit den Händen ausdrücken und mit der Küchenreibe fein reiben. Die Pilze im Blitzhacker fein zerkleinern, Die Zwiebelwürfel und den Knoblauch dazugeben und alles erneut fein mixen. Dann den Tofu, Seitan-Fix, 2 EL Öl, Senf, Zucker, Sojasauce, Essig und Kräuter dazugeben, mit Salz und Pfeffer würzen und alles zu einer feinen Masse verarbeiten. Aus der Tofumasse vier Pattys formen und auf den mit Backpapier ausgelegten Rost legen. Mit 1 EL Öl bepinseln und auf der mittleren Schiene 20 Minuten backen.

Inzwischen für die Haselnuss-Mayo den Knoblauch schälen und in grobe Würfel schneiden. Haselnussmus, Knoblauch, Zitronensaft, Öl, Essig, 4 EL Wasser, Senf und 1 Miniprise Kala Namak in einen Mixbecher geben. Mit Salz und Pfeffer würzen. Den Stabmixer auf den Boden des Mixbechers stellen, erst am Boden mixen, dann langsam nach oben ziehen. Die Mayo mit Salz und Pfeffer abschmecken und bis zur Verwendung zugedeckt kühl stellen.

Für die karamellisierten Zwiebeln die Zwiebeln schälen und in Ringe schneiden. Das Öl in einer Pfanne erhitzen und die Zwiebeln darin rundherum anbraten. Den Weißwein angießen und verkochen lassen. Den Zucker dazugeben, die Zwiebeln damit überziehen und hellbraun karamellisieren. Den Essig dazugeben und verkochen lassen. Die Zwiebeln mit Salz und Pfeffer würzen, vom Herd nehmen.

Zum Fertigstellen die Pattys wenden und mit 1 EL Öl bestreichen. Weitere 15 Minuten backen. Inzwischen den Spinat waschen und trocken schleudern. Die Gurken in Scheiben schneiden. Die Burger Buns halbieren und mit den Pattys im Ofen 5 Minuten aufbacken. Alternativ toasten.

Zum Servieren die Unterseite der Buns mit je 1 EL Mayo bestreichen, den Spinat, Gurkenscheiben und Pattys daraufgeben. Je 1 EL Ketchup und die Zwiebeln auf den Pattys verteilen. Die Oberseite der Buns mit je 1 EL Mayo bestreichen und auf die Burger setzen.

Tofu-Hirse-Puffer

mit Süßkartoffelscheiben, Tahin-Dip und Granatapfel

4 Personen 45 min

Tofu-Hirse-Puffer
200 g Hirse (feinkörnig)
400 ml Gemüsebrühe
100 g Möhren
200 g fester Tofu
3 Stiele Dill
2 Knoblauchzehen
2 TL edelsüßes Paprikapulver
1 TL gemahlener Kreuzkümmel
1 TL gemahlener Koriander
1 EL Öl + Öl zum Braten
2 EL Sojasauce
½ TL Zucker
2 EL Weizenmehl (Type 405)
Salz | Pfeffer aus der Mühle

Tahin-Dip
1 Bio-Zitrone
75 g Sojajoghurt
50 g Tahin (Sesampaste)
½ TL Zucker
1 Knoblauchzehe
Salz | Pfeffer aus der Mühle

Toppings
1 rote Paprikaschote
½ Granatapfel
125 g Pflücksalat (oder junger Spinat)
½ Bund Schnittlauch
1 kleine Süßkartoffel (300–400 g)
2 EL Öl
Salz
½ TL edelsüßes Paprikapulver (nach Belieben)

Dazu passt ein Beilagensalat, z. B. ein fruchtiger Mango-Coleslaw (siehe Seite 51).

Für die Tofu-Hirse-Puffer die Hirse in einem Sieb gründlich waschen. In einem Topf mit der Brühe bedecken, diese zum Kochen bringen und die Hirse zugedeckt bei schwacher Hitze etwa 10 Minuten gar köcheln lassen. Vom Herd nehmen, mit einer Gabel auflockern, in eine Schüssel umfüllen und abkühlen lassen.

Für den Tahin-Dip die Zitrone heiß waschen und trocken reiben. Die Schale fein abreiben und den Saft auspressen. Sojajoghurt und Tahin mit 2 EL Zitronensaft und Zucker glatt rühren. Den Knoblauch schälen und dazupressen. Den Dip mit Salz und Pfeffer würzen.

Für die Tofu-Hirse-Puffer die Möhren schälen und auf der Küchenreibe fein raspeln, den Tofu grob raspeln. Beides zusammen in ein sauberes Küchentuch wickeln, kräftig ausdrücken und anschließend zur Hirse geben. Den Dill waschen und trocken tupfen, die Spitzen abzupfen und grob hacken. 2 EL Dill zur Hirse geben, den Rest für die Deko beiseitelegen. Die Zitronenschale und 2 EL Zitronensaft hinzufügen. Den Knoblauch schälen und dazupressen. Die gemahlenen Gewürze, Öl, Sojasauce, Zucker und Mehl ebenfalls hinzufügen.

Die Puffer-Masse mit Salz und Pfeffer würzen und kräftig verkneten. Gegebenenfalls nochmal mit Salz, Pfeffer und etwas Zitronensaft abschmecken. Acht flache, etwa 1,5 cm dicke Taler formen, dabei die Ränder schön glatt streichen. Den Backofen auf 100 °C Ober-/Unterhitze vorheizen.

Für die Toppings die Paprika waschen und in feine Ringe schneiden, dabei Kerne und weiße Häute entfernen. Die Granatapfelkerne aus der Schale lösen, dabei die weißen Innenhäute entfernen. Den Salat waschen und trocken schleudern. Den Schnittlauch waschen und in feine Ringe schneiden. Die Süßkartoffel waschen, in dünne Scheiben schneiden und in zwei Portionen in je 1 EL Öl von beiden Seiten anbraten, bis sie leicht gebräunt und gar sind. Kurz abtropfen lassen, mit Salz und nach Belieben Paprikapulver würzen und im Ofen warm halten.

Zum Fertigstellen etwa ½ cm hoch Öl in der Pfanne erhitzen und darin nacheinander die Puffer von beiden Seiten je etwa 5 Minuten knusprig braun braten. Kurz abtropfen lassen und warm stellen.

Zum Servieren auf jeden der vier Teller Salatblätter verteilen. Süßkartoffeln und Paprikaringe darauflegen und mit Granatapfelkernen und Dill bestreuen. Je zwei Puffer auf jeden Teller legen und mit Dip beträufeln. Nach Belieben mit dem Schnittlauch bestreuen.

Gegrillte Teriyaki-Tofu-Spieße

mit Ananas

4 Personen 40 min

Glasur
200 ml Sojasauce
6 EL Ahornsirup
6 EL Limettensaft
3 EL Sesamöl
3 Knoblauchzehen
1 dicke Scheibe Ingwer
1 EL Speisestärke

Tofu-Spieße
2 rote Paprikaschoten
2 rote Zwiebeln
400 g Ananasfruchtfleisch
400 g fester Tofu
12 Metallspieße oder gewässerte Holzspieße (15 cm lang)

Topping
2 Frühlingszwiebeln
2 TL Sesam

Diese Spieße können einfach als veganer Bestandteil beim Grillen genossen werden. Oder ihr serviert sie auf asiatische Art mit weißem Reis oder gebratenen Asianudeln. Auch als würzige Ergänzung für eine asiatische Nudelsuppe, etwa eine japanische Udon-Nudelsuppe, sind sie ein Genuss.

Für die Glasur Sojasauce, Ahornsirup, Limettensaft und Sesamöl verrühren. Den Knoblauch und den Ingwer schälen, fein reiben und unterrühren. Die Mischung in einem kleinen Topf aufkochen. Kurz einkochen, bis sie ganz leicht andickt. Die Speisestärke mit wenig Wasser glatt rühren. Unter Rühren in die Sauce einlaufen lassen und kurz kochen lassen, bis sie richtig andickt. Vom Herd nehmen.

Für die Tofu-Spieße die Paprika längs halbieren, entkernen und waschen. Die Zwiebeln schälen, vierteln und in Stücke aus jeweils etwa 2 Segmenten teilen. Ananas, Paprika und Tofu in 24 etwa gleich große Stücke schneiden.

Jeweils 2 Stücke Paprika, Ananas und Tofu sowie 1 Stück Zwiebel abwechselnd auf einen Spieß stecken. Auf diese Weise 12 Spieße vorbereiten.

Zum Fertigstellen den Grill (Kohle oder Gas) anheizen. Alternativ können die Spieße auch in einer Grillpfanne zubereitet werden.

Für das Topping die Frühlingszwiebeln putzen, waschen und in sehr feine Ringe schneiden.

Zum Garen die Tofu-Spieße auf dem Grill oder in einer gefetteten Grillpfanne bei nicht zu starker Hitze 6 bis 8 Minuten grillen, nach der Hälfte der Zeit immer wieder mit der Teriyaki-Glasur einpinseln (Silikonpinsel), bis sie schön glänzen und den Geschmack der Glasur aufgenommen haben.

Zum Servieren die Spieße auf einer Servierplatte oder auf Tellern anrichten. Mit der restlichen Glasur beträufeln, mit Frühlingszwiebelringen und Sesamsamen bestreuen.

Teriyaki ist eine Zubereitungsart der japanischen Küche. „Teriyaki" bedeutet so viel wie „mit Glanz gebraten". Dieser Glanz wird erzeugt durch die gleichnamige Sauce, die aus Sojasauce und weiteren Zutaten – traditionell Zucker und Sake oder Mirin, heute aber auch in anderen Varianten – dickflüssig eingekocht und anschließend als Glasur für Fleisch, Fisch, Gemüse oder auch Tofu oder Tempeh verwendet wird.

Bratbällchen

mit Kartoffel-Sellerie-Stampf und Röstschalotten

4 Personen 60 min

Bratbällchen
200 g fester Tofu
1 Schalotte
40 g Seitan-Fix
2 EL Hefeflocken
2 EL Speisestärke
1 EL Dijonsenf
2 TL getrockneter Majoran
1 TL geräuchertes Paprikapulver
½ TL gemahlener Kardamom
½ TL Knoblauchpulver (oder -granulat)
frisch geriebene Muskatnuss
½ TL Zucker | ca. ½ TL Salz
½ TL Pfeffer aus der Mühle
4 EL Walnussöl
Öl zum Braten

Kartoffel-Sellerie-Stampf
600 g vorwiegend festkochende Kartoffeln
600 g Knollensellerie
Salz
½ Bio-Zitrone
2 EL Walnussöl
Pfeffer aus der Mühle
frisch geriebene Muskatnuss

Röstschalotten
4 Schalotten
1 säuerlicher Apfel (z. B. Elstar)
1 Wacholderbeere | 2 TL Öl
1 EL Ahornsirup
2 EL Weißweinessig
Salz | Pfeffer aus der Mühle

2 Töpfe mit Dämpfeinsatz | Backpapier

Dazu passt Senf – je nach Geschmack süßer Weißwurstsenf oder Dijon-Senf. Wer ein etwas schmaleres Gewürzregal bevorzugt, kann die Kräuter und Gewürzpulver in den Bällchen auch durch insgesamt 3 TL Frikadellen- oder Brathähnchengewürz ersetzen.

Für die Bratbällchen den Tofu in Würfel schneiden. Die Schalotte schälen und ebenfalls grob klein schneiden. Mit den übrigen Zutaten im Blitzhacker zu einer feinen Masse mixen. Gegebenenfalls mit etwas Salz nachwürzen. 16 Bällchen formen und beiseitelegen.

Für den Kartoffel-Sellerie-Stampf Kartoffeln und Sellerie schälen und in Würfel schneiden. In einem Topf mit 700 ml leicht gesalzenem Wasser zum Kochen bringen und mit schräg aufgelegtem Deckel bei schwacher bis mittlerer Hitze etwa 15 Minuten garen.

Für die Bratbällchen inzwischen zwei Töpfe mit Dämpfeinsatz und Wasser erhitzen, bis das Wasser kocht. Die Bällchen auf kleine Stücke Backpapier legen und auf dem Dämpfeinsatz über dem kochendem Wasser 15 Minuten dämpfen, dabei gegebenenfalls noch etwas Wasser nachgießen.

Für den Kartoffel-Sellerie-Stampf die Zitrone heiß waschen und trocken reiben. Die Schale fein abreiben und den Saft auspressen. Das übrige Wasser von der Kartoffel-Sellerie-Mischung abgießen und das Gemüse etwas ausdampfen lassen.

Walnussöl, Zitronenschale und 2 EL Zitronensaft zum Gemüse geben. Alles mit dem Kartoffelstampfer zu einem groben Püree stampfen. Mit Salz, Pfeffer, Muskatnuss und gegebenenfalls noch etwas Zitronensaft würzen und zugedeckt warm halten. Bratbällchen aus dem Dampf nehmen und kurz ruhen lassen.

Für die Röstschalotten die Schalotten schälen und in Ringe schneiden. Den Apfel waschen und vierteln, das Kerngehäuse entfernen. Die Apfelviertel in Scheiben schneiden. Die Wacholderbeere im Mörser fein zerstoßen.

Das Öl in einer Pfanne erhitzen und die Schalottenringe darin mit der Wacholderbeere anbraten. Die Apfelscheibchen dazugeben und 5 Minuten mitbraten. Den Ahornsirup hinzufügen und alles leicht karamellisieren. Mit dem Essig ablöschen und etwas verkochen lassen. Die Röstschalotten mit Salz und Pfeffer würzen.

Zum Fertigstellen Öl in einer großen Pfanne erhitzen und die Bratbällchen rundherum anbraten, bis sie leicht gebräunt sind.

Zum Servieren den Stampf mittig auf Teller verteilen, die Röstschalotten darauf anrichten und alles mit den Bällchen toppen.

Grünkohl goes Marokko: Die Kombi von Grünkohl und Raucharomen ist ein echter Klassiker der Hausmannskost. Ras el-Hanout bringt zusätzlich den typischen Geschmack Nordafrikas mit ins Spiel. Es ist eine der wichtigsten Gewürzmischungen der Region, und so hat auch jeder Koch seine individuelle Geheimrezeptur. Immer mit drin: Kreuzkümmel, Koriander, Kurkuma, Ingwer, Kardamom und Muskatnuss.

Grünkohltopf „Moroccan Style"

mit Räuchertofu

4 Personen 45 min

Eintopf

800 g frische Grünkohlblätter
1 große Zwiebel
2 EL Öl
1 EL Zucker
1–1 ½ TL Ras el-Hanout
1–1 ½ TL geräuchertes Paprikapulver
400 ml Gemüsefond
Salz
500 g vorwiegend festkochende Kartoffeln
125 g Möhren
2 Knoblauchzehen
1 Dose Kidneybohnen (265 g Abtropfgewicht)
200 g Räuchertofu
1 Bio-Zitrone
Pfeffer aus der Mühle

Topping

40 g geröstete Mandeln (oder Rauchmandeln)
2 Stiele Petersilie
4 getrocknete Soft-Aprikosen

Mit Tempeh

Der Eintopf schmeckt auch mit geräuchertem Tempeh (siehe Seite 160) statt Tofu. 200 g davon in Würfel schneiden, anbraten und – anders als beim Tofu – erst kurz vor dem Servieren unter den Eintopf mischen.

Für den Eintopf den Grünkohl putzen und waschen, die Blätter von den verdickten Stielen und Blattrippen schneiden und in Streifen schneiden. Die Zwiebel schälen und in kleine Würfel schneiden.

Das Öl in einem großen Topf erhitzen und die Zwiebelwürfel darin anbraten. Den Zucker darüberstreuen und leicht karamellisieren. Dann je 1 TL Ras el-Hanout und Paprikapulver dazugeben und kurz durchrühren. Den tropfnassen Grünkohl hinzufügen und etwas schwenken, bis er leicht zusammenfällt. Den Fond angießen und leicht salzen. Den Grünkohl mit geschlossenem Deckel bei nicht zu starker Hitze 20 Minuten garen.

Inzwischen die Kartoffeln und Möhren schälen, waschen und in dünne Scheiben schneiden. Den Knoblauch schälen und halbieren.

Kartoffeln, Möhren und Knoblauch unter den Grünkohl heben und mit geschlossenem Deckel weitere 15 Minuten garen. Die Kidneybohnen in ein Sieb abgießen, kalt abspülen und abtropfen lassen. Den Tofu in Würfel schneiden.

Nach 15 Minuten Tofu und Bohnen in den Eintopf geben und zugedeckt 5 Minuten mitgaren. Die Zitrone heiß waschen und trocken reiben. Die Schale fein abreiben und den Saft auspressen.

Für das Topping die Mandeln grob hacken. Die Petersilie waschen und trocken tupfen, die Blätter abzupfen und fein hacken. Die Aprikosen in Würfel schneiden.

Zum Fertigstellen 2 EL Zitronensaft, die Zitronenschale und die Hälfte der Petersilie unter den Eintopf rühren, gegebenenfalls noch mit etwas Ras el-Hanout und Paprikapulver nachwürzen und mit Salz, Pfeffer und Zitronensaft abschmecken.

Zum Servieren den Eintopf auf vier tiefe Teller oder Suppenschalen verteilen. Mit Petersilie, Mandeln und Aprikosenwürfeln toppen.

Sauerkraut-Tarte

mit Trauben und Räuchertofu

6–8 Personen | 45 min | 45 min Backen

Teig
250 g Dinkelmehl (Type 630)
+ Mehl zum Verarbeiten
1 EL Zucker | 1 TL Salz
Kala Namak
125 g Margarine + Margarine für die Form
60 ml Sojadrink

Sauerkraut
1 Zwiebel
1 EL Öl
½ TL Kümmelsamen
2 Gewürznelken
1 Wacholderbeere
2 EL Zucker
100 ml trockener Weißwein
500 g Sauerkraut
150 g Weintrauben (grün, rot oder blau)

Guss
150 g Seidentofu
2 EL Speisestärke
1 EL Hefeflocken
100 ml Sojadrink
50 ml trockener Weißwein
⅓ TL gemahlene Kurkuma
Kala Namak
Salz | Pfeffer aus der Mühle

Tofu
200 g Räuchertofu
50 ml trockener Weißwein
2 EL Sojasauce
½ TL geräuchertes Paprikapulver
½ TL Zucker | Salz

Tarteform 30 cm Ø

Für den Teig Mehl, Zucker, Salz und 1 Miniprise Kala Namak in einer Schüssel mischen und eine Mulde hineindrücken. Margarine und Sojadrink hineingeben und alles mit den Händen rasch zu einem glatten Teig verkneten. Zugedeckt 30 Minuten kühl stellen.

Für das Sauerkraut die Zwiebel schälen und in feine Würfel schneiden. Das Öl in einem Topf erhitzen und die Zwiebelwürfel darin andünsten, bis sie glasig sind. Kümmel, Nelken und die zerdrückte Wacholderbeere dazugeben und kurz mitdünsten. Zucker hinzufügen und leicht karamellisieren, dann mit dem Wein ablöschen.

Das Sauerkraut zu den Zwiebeln geben, aufkochen und mit geschlossenem Deckel bei nicht zu starker Hitze 8 Minuten köcheln lassen. Gegen Ende der Garzeit die Weintrauben waschen und unzerkleinert mit dem Kraut mischen.

Für den Guss den Seidentofu mit der Speisestärke, den Hefeflocken, dem Sojadrink, dem Wein, Kurkuma und 2 Miniprisen Kala Namak in einen Mixbecher füllen und mit dem Pürierstab zu einer glatten Masse mixen, anschließend mit Salz und Pfeffer würzen.

Für den Tofu den Räuchertofu klein würfeln. Mit dem Wein in einem Topf erhitzen. Sojasauce, Paprikapulver und Zucker dazugeben und alles einige Minuten köcheln lassen, bis die Flüssigkeit verkocht ist. Mit Salz würzen. Den Backofen auf 200 °C Ober-/Unterhitze vorheizen.

Zum Fertigstellen die Tarteform mit Margarine einfetten und mit Mehl ausstreuen. Den Teig auf der bemehlten Arbeitsfläche zu einem Kreis mit etwa 36 cm Ø ausrollen. Die Form damit auslegen und dabei einen etwa 3 cm hohen Rand formen. Die Nelken aus dem Kraut entfernen, Sauerkraut und Guss mischen und auf dem Teig verteilen. Den Tofu darüberstreuen und leicht eindrücken.

Die Tarte im Ofen auf der mittleren Schiene 45 Minuten backen, bis der Teig leicht gebräunt und die Masse gestockt ist. Herausnehmen und kurz ruhen lassen. In Stücke schneiden und servieren.

Drei Geheimzutaten, und es kommt maximaler Geschmack aufs Tarteblech: Die Miniprise Kala Namak sorgt für ein feines Ei-Aroma im Tofuguss. Das geräuchterte Paprikapulver verleiht dem Räuchertofu noch mehr herzhafte Raucharomen. Und die frischen, nur kurz erhitzten Trauben bringen zusätzlich zur feinen Säure des fermentierten Krautes fruchtige Frische mit ins Spiel.

Yuba, Okara und Aburaage sind
keine Charaktere aus einem japanischen
Animé. Vielmehr verbergen sich
dahinter spannende Tofu-Spezialitäten
mit echtem Kult-Potenzial.

TOFU SPECIALS

UNBEKANNTE KÖSTLICHKEITEN

Miso ist eine der Grundzutaten der japanischen Küche. Allen klassischen Versionen gemein ist, dass gedämpfte Sojabohnen mit bestimmten Schimmelpilzen der Gattung Aspergillus geimpft werden und anschließend fermentieren. Weitere Zutaten wie Getreide, Hülsenfrüchte, Kerne oder Gemüse sorgen für eine überbordende Sortenvielfalt, von hell bis fast schwarz, von mild bis kräftig salzig oder erdig.

Miso-Reissuppe

mit Eiertofu

4 Personen | 30 min | 60 min Ziehen

Brühe

2 Streifen Kombu
30 g getrocknete Shiitakepilze
6 EL helle Misopaste
4–5 EL helle Sojasauce
Salz

Reis

150 g Rund- oder Mittelkornreis
Salz

Einlagen

3 EL Wakame-Streifen (getrocknet)
150 g Möhren
4 Frühlingszwiebeln
1 Bund Schnittknoblauch
1 Portion Eiertofu (aus dem Asia-Markt oder selbstgemacht, siehe Seite 153)
1 TL dunkle Sesamsamen

Einfach vegan

Die Suppe schmeckt auch in der veganen Version mit schnittfestem Seidentofu anstelle des Eiertofus hervorragend.

Für die Brühe 1,5 l kaltes Wasser mit den Kombustreifen und den Shiitakepilzen in einen Topf geben und langsam erhitzen. Kurz bevor das Wasser kocht den Herd ausstellen und die Brühe 1 Stunde ziehen lassen.

Den Reis nach Packungsanweisung in leicht gesalzenem Wasser garen. Anschließend vom Herd nehmen, in eine Schüssel füllen und auflockern. Abkühlen lassen.

Die Brühe durch ein Sieb gießen, um die Kombustreifen und die Shiitakepilze zu entfernen (diese entsorgen). Die Brühe erneut erhitzen und die Misopaste unter Rühren darin auflösen. 2 EL Sojasauce hinzufügen, die Brühe salzen und anschließend zugedeckt 10 Minuten ziehen lassen.

Für die Einlagen die Wakame-Algen in warmem Wasser 5 Minuten einweichen. Die Möhren putzen, schälen und mit dem Sparschäler in dünne Streifen ziehen. Die Frühlingszwiebeln putzen, waschen und in Ringe schneiden, den Schnittknoblauch waschen und klein schneiden. Den Eiertofu in kleine Würfel schneiden. Die Wakame-Algen in ein Sieb abgießen.

Zum Fertigstellen die Brühe erneut zum Kochen bringen. Mit Salz und 2 bis 3 EL Sojasauce abschmecken. Die Wakame- und Möhrenstreifen in die Brühe geben und bei mittlerer Hitze 3 Minuten garen. Dann den Eiertofu, die Frühlingszwiebeln, die Hälfte des Schnittknoblauchs und den Reis hinzufügen und alle Zutaten 2 Minuten ziehen lassen.

Zum Servieren die Suppe auf Schalen verteilen und mit dem restlichen Schnittknoblauch sowie den Sesamsamen bestreuen.

Eiertofu-Mini-Tartes

mit Kräuteröl

4 Personen | 30 min | 30 min Backen

Gemüsemix

1 Paprikaschote (rot oder gelb)
1 kleine Aubergine (150 g)
1 kleine Fenchelknolle (150 g)
1 rote Zwiebel
2 Knoblauchzehen
2 EL Olivenöl
2 TL Honig
1 TL getrocknete italienische Kräuter
2 EL Aceto balsamico
Salz | Pfeffer aus der Mühle

Mini-Tartes

1 Pck. Blätterteig zum Ausrollen (275 g; vegan; aus dem Kühlregal)
1 Ei, verquirlt
16 runde Scheiben Eiertofu (aus dem Asia-Markt oder selbstgemacht, siehe Seite 153)
2 Tomaten

Kräuteröl

1 kleines Bund Basilikum (ca. 15 g)
2 Stängel Petersilie
4 EL Olivenöl
2 TL Zitronensaft
1 Knoblauchzehe
Salz | Pfeffer aus der Mühle
2 TL geröstete Sesamsamen

Backblech | Backpapier

Für den Gemüsemix das Gemüse putzen und waschen bzw. schälen, anschließend in kleine Würfel schneiden. Das Olivenöl in einer großen Pfanne erhitzen und das Gemüse darin bei mittlerer Hitze etwa 10 Minuten anbraten, bis es gebräunt und gar ist. Den Honig und die Kräuter hinzufügen und leicht karamellisieren. Mit dem Essig ablöschen. Alles gründlich vermischen und das Gemüse mit Salz und Pfeffer würzen.

Für die Mini-Tartes den Backofen auf 200 °C Ober-/Unterhitze vorheizen. Den Blätterteig ausrollen, in vier gleich breite Streifen schneiden und auf ein mit Backpapier ausgelegtes Backblech legen. Die Blätterteigstreifen quer halbieren, sodass acht Quadrate entstehen. Die Ränder der Teigstücke mit dem verquirlten Ei bepinseln. Rundherum etwa 5 mm Teig einklappen und mit einer Gabel andrücken, sodass ein gerippter Rand entsteht.

Das Gemüse auf den Teigquadraten verteilen und leicht andrücken. Den Eiertofu auf die Tartes verteilen. Die Tomaten waschen und abtrocknen, in Scheiben schneiden und auf die Tartes legen. Die Tartes im Backofen auf der mittleren Schiene 30 Minuten knusprig braun backen.

Für das Kräuteröl das Basilikum und die Petersilie waschen und trocken tupfen, die Blätter abzupfen und das Basilikum sowie die Hälfte der Petersilie sehr fein hacken. Die gehackten Kräuter mit Olivenöl und Zitronensaft verrühren. Den Knoblauch schälen und dazupressen, mit Salz und Pfeffer abschmecken. Die restliche Petersilie in Streifen schneiden.

Zum Servieren das Blech aus dem Ofen nehmen und die Mini-Tartes auf Teller oder Servierbretter verteilen. Mit dem Kräuteröl beträufeln. Petersilienstreifen und Sesamsamen darüberstreuen und etwas Pfeffer grob darübermahlen.

Rotes Curry

mit fermentiertem Tofu

4 Personen 35 min

Currypaste
5 getrocknete rote Chilischoten (z. B. Birds Eye)
2 Schalotten
6 Knoblauchzehen
1 walnussgroßes Stück Galgant (ersatzweise Ingwer)
2 Stängel Zitronengras
2 Bio-Limetten
½ TL Koriandersamen
½ TL Kreuzkümmelsamen
½ TL Salz

Tofu-Gemüse-Mix
200 g fermentierter roter Tofu (aus dem Asia-Shop)
700 g gemischtes Gemüse nach Wahl (siehe Tipp)
3 Stängel Thai-Basilikum

Curry
2 EL Öl
4 Kaffir-Limettenblätter (frisch oder getrocknet)
600 g Kokosmilch
1–2 EL Palmzucker (oder Kokosblütenzucker) | Salz
1–2 EL Limettensaft

Gemüseeinlage

Hier eignet sich ein Mix aus folgenden frischen Gemüsen: Paprika, Zucchini, Möhren oder kleine Thai-Auberginen. Brokkoli- oder Blumenkohlröschen sollten vorab kurz gedämpft werden. Und aus dem Glas machen Bambussprossen oder Mini-Maiskolben eine gute Figur im Curry.

Für die Currypaste die Chilischoten in lauwarmem Wasser einweichen. Die Schalotten, den Knoblauch und den Galgant schälen und klein schneiden. Vom Zitronengras die welken Außenblätter und die obere, trockene Hälfte entfernen. Die untere Hälfte waschen und fein hacken. Die Limetten heiß waschen und trocken reiben. Die Schale fein abreiben. Der Saft wird für das Curry gebraucht.

Die Koriander- und Kreuzkümmelsamen in einer Pfanne anrösten, bis es zu duften beginnt. Dann sofort vom Herd nehmen und im Mörser fein zermahlen.

Die Chilischoten aus dem Wasser nehmen und entkernen. Chilischoten, Schalotten, Knoblauch, Galgant und Zitronengras im Blitzhacker zu einer feinen Paste verarbeiten, zum Schluss die zerstoßenen Gewürze, das Salz und die Limettenschale unterrühren.

Für den Tofu-Gemüse-Mix den Tofu in einem Sieb kalt abspülen, trocken tupfen und anschließend in kleine Würfel schneiden. Das Gemüse waschen, putzen und in mundgerechte Stücke schneiden. Das Basilikum waschen und trocken tupfen, die Blätter abzupfen.

Für das Curry das Öl in einem Wok erhitzen, 4 EL Currypaste und die Limettenblätter darin andünsten. Mit 100 ml Wasser ablöschen und dieses etwas verkochen lassen. Nach und nach die Kokosmilch dazugießen und jedes Mal glatt rühren. 1 EL Zucker unterrühren und das Curry langsam zum Kochen bringen. Mit Salz würzen, nach Geschmack noch etwas Currypaste dazugeben. Die restliche Currypaste zugedeckt kühl stellen und für weitere Currys verwenden.

Das frische Gemüse in die Currysauce geben und 5 Minuten köcheln lassen. Dann, falls verwendet, gedämpftes Gemüse oder abgetropfte Bambussprossen bzw. Maiskolben aus dem Glas sowie den Tofu dazugeben und alles weitere 3 bis 4 Minuten ziehen lassen.

Die Limettenblätter entfernen. Die Hälfte der Basilikumblätter unterrühren. Das Curry mit Salz, Zucker und etwas Limettensaft abschmecken.

Zum Servieren auf vier Schalen verteilen. Mit dem restlichen Basilikum bestreuen. Mit Jasminreis servieren.

Die Geschichte zum Rezept – Inarizushi

Inarizushi sind nicht nur ein geschmackliches Erlebnis, sondern auch Ausdruck der Spiritualität in der japanischen Kultur. In der Volksreligion, dem Shintoismus, ist Inari der Gott des Reises, der Ernte und der Fruchtbarkeit, dazu auch noch des Handels und des allgemeinen Erfolges sowie der Schutzpatron der Frauen. Kein Wunder also, dass sich diese Gottheit größter Beliebtheit erfreut. So ist das ganze Inselreich von mehr als 30.000 Inari-Schreinen durchzogen. Der prächtige Hauptschrein befindet sich aber im Bezirk Fushimi in Kyoto. Fabelwesen in Fuchsgestalt, die „Kitsune", gelten als Boten dieser Gottheit, daher finden sich in jedem Schrein Fuchsstatuen – sitzend, mit aufgerichtetem Schwanz, aufmerksam wachend und häufig mit Insignien im Maul – etwa einer Sichel oder einer Getreideähre.

In den Schreinen werden dem Gott und seinen tierischen Boten Opfer gebracht, in Form von Reis oder Sake. Gelegentlich werden auch die nach ihm benannten Inarizushi als Opfergabe gereicht: mit Sushireis gefüllte Taschen aus frittiertem Tofu. Denn diese gelten als die Leibspeise der „Kitsune". Aus diesem Grund findet sich bei den größeren Schreinen meist ein Inarizushi-Stand in der Nähe.

Auch außerhalb der Tempel ist diese fischfreie Sushi-Variante in Japan inzwischen ein fester Bestandteil der Sushi-Kultur. Sie wird oft bei Festivals und Feiern serviert. Die leicht süßlichen Sushi-Taschen gelten dabei – vermutlich wegen des religiösen Hintergrundes – als ein Symbol für Wohlstand und Glück.

Die Leibspeise der Kitsune – einfach himmlisch!

Inarizushi

mit Ingwer und Sesam

4 Personen | 60 min | 30 min Einweichen

Reis
250 g Sushi-Reis
3 EL Reisessig
2 EL Zucker
1 TL Salz

Inarizushi
12 Aburaage-Tofu-Taschen (aus dem Asia-Shop)
2 TL gemischte Sesamsamen (hell und schwarz)
2 Scheiben rosa Sushi-Ingwer (Gari)
1 Frühlingszwiebel (grüner Teil)

Toppings

Inari werden häufig sehr schlicht serviert, können aber auch üppig getoppt werden, beispielsweise wie anderes Sushi mit Fisch, Avocado, aber auch mit japanischem Algensalat (Goma Wakame), Forellen- oder Lachskaviar. Oder ganz einfach mit Furikake, japanischem Reisgewürz in unterschiedlicher Zusammensetzung.

Den Reis mehrmals in einer Schüssel mit Wasser übergießen, durchmischen und das Wasser wieder abgießen, bis das Wasser klar bleibt. Den gewaschenen Reis erneut mit Wasser bedecken und 30 Minuten einweichen.

Nach der Einweichzeit den Reis in ein Sieb abgießen. Mit 270 ml Wasser in einen Topf geben, aufkochen und offen bei starker Hitze 1 bis 2 Minuten kochen, dann mit geschlossenem Deckel bei ganz schwacher Hitze 10 bis 15 Minuten garen. Den Topf vom Herd nehmen, den Deckel entfernen, den Topf mit einem sauberen Küchentuch abdecken und den Reis 15 Minuten ruhen lassen.

Inzwischen Essig, Zucker und Salz in einem kleinen Topf unter Rühren bei mittlerer Hitze erwärmen, bis sich Zucker und Salz aufgelöst haben.

Den Reis in einer großen flachen Schüssel verteilen. Sobald er handwarm ist, die Essigmischung über den Reis tröpfeln und mit einem Löffel oder Spatel vorsichtig einarbeiten. Mithilfe eines Fächers Luft zufächeln und den Reis auf diese Weise abkühlen sowie etwas antrocknen lassen.

Für die Inarizushi die Tofutaschen in einem Sieb mit heißem Wasser übergießen, abtropfen lassen und anschließend trocken tupfen. Den Sesam in einer Pfanne ohne Fett anrösten, bis es zu duften beginnt und die Körner anfangen zu knacken. Sofort herausnehmen. Den eingelegten Ingwer in ganz feine Streifen schneiden. Frühlingszwiebel waschen, trocken tupfen und in sehr feine Ringe schneiden.

Den Reis in 12 gleich große Portionen teilen und jeweils zu ovalen Bällchen formen. Die Tofutaschen vorsichtig öffnen und die Teigbällchen behutsam hineindrücken. Den Boden etwas flach drücken, sodass die Taschen aufrecht stehen.

Zum Servieren mit etwas Ingwer, Sesamsamen und den geschnittenen Frühlingszwiebeln garnieren.

Rote-Bete-Risotto-Täschchen

mit Räucherforelle

4 Personen 45 min

Risotto
1 Zwiebel
2 Knoblauchzehen
1 Scheibe Ingwer
150 g Rote Bete
500–600 ml Gemüsebrühe
2 EL Butter
1 EL Olivenöl
100 ml trockener Weißwein (z.B. Riesling)
150 g Risotto-Reis (z.B. Arborio)
Zucker
40 g Parmesan (am Stück)
abgeriebene Schale von 1 Bio-Zitrone
½ EL Zitronensaft
Salz | Pfeffer aus der Mühle

Außerdem
12 Aburaage-Tofu-Taschen (aus dem Asia-Shop)
1–2 Stiele Dill
6 TL Sahnemeerrettich
1 geräuchertes Forellenfilet (125 g)
2 TL rosa Pfefferbeeren

Die richtige Menge

Als Vorspeise reicht dieses Gericht für 4 Personen. Als Hauptgericht mit Salatbeilage – etwa einem Spinatsalat mit Grapefruit – für 2 Personen.

Für den Risotto die Zwiebel, den Knoblauch und den Ingwer schälen und in feine Würfel schneiden. Die Rote Bete ebenfalls schälen und in kleine Würfel schneiden (Einmalhandschuhe schützen die Hände vor der stark färbenden Roten Bete). Die Brühe in einem kleinen Topf erhitzen und knapp unter dem Siedepunkt halten.

1 EL Butter und das Olivenöl in einem weiteren Topf erhitzen und die Gemüsewürfel darin andünsten. Mit der Hälfte des Weins ablöschen und diesen vollständig verkochen lassen. Den Reis hinzufügen und kurz andünsten, dann den restlichen Wein angießen. 1 Prise Zucker hinzufügen und den Wein etwas einkochen lassen. Ab jetzt portionsweise jeweils 100 ml Brühe dazugeben und bei schwacher bis mittlerer Hitze stark einkochen lassen. Auf diese Weise in 18 bis 22 Minuten einen cremigen, bissfesten Risotto kochen (dafür reichen unter Umständen 500 ml Brühe).

Den Parmesan fein reiben und unterheben. Die Zitronenschale und den Zitronensaft ebenfalls unterrühren. Mit wenig Salz und reichlich Pfeffer abschmecken. 10 Minuten abkühlen lassen.

Zum Fertigstellen die Tofutaschen in einem Sieb mit heißem Wasser übergießen, abtropfen lassen und trocken tupfen. Den Dill waschen und trocken tupfen, die kleinen Seitenstiele abzupfen. Die Taschen vorsichtig öffnen und mit einem Löffel jeweils etwa 60 g Risotto einfüllen.

Zum Servieren die Täschchen mit der Öffnung nach oben auf eine Servierplatte setzen. Je ½ TL Sahnemeerrettich daraufgeben. Das Forellenfilet in mundgerechte Stücke zupfen und diese auf dem Meerrettich platzieren. Mit Dillstielchen garnieren. Zum Schluss den rosa Pfeffer zwischen den Händen zerreiben und darüberstreuen.

Mit Dill-Pesto statt Forellen-Topping werden die Risotto-Täschchen vegetarisch. Dafür 1 Bund Dill waschen, trocken tupfen und samt Stielen fein hacken. 1 Knoblauchzehe schälen und fein würfeln. 30 g Walnusskerne fein hacken, 20 g Parmesan fein reiben. Alles mit 4 EL Walnussöl, 1 EL Zitronensaft und 1 TL Honig mischen und mit Salz und weißem Pfeffer würzen.

Lebkuchengewürz ähnelt mit Zutaten wie Zimt, Anis und Nelken aber auch Ingwer und Kardamom den Geschmackswelten, die wir aus chinesischer und vietnamesischer Küche kennen. Das klassische „Five Spice" aus China hat beispielsweise ganz ähnliche Zutaten. Damit ist es ein Geheimtipp für alle, die schnell und ohne Mühe einen Gemüsefond in eine vietnamesische „Pho" verwandeln möchten.

Asia-Suppe „Pho-Style"

mit Okara-Dumplings

4 Personen 50 min

Asia-Suppe
1 dicke Scheibe Ingwer
4 Knoblauchzehen
1,6 l Gemüsebrühe
4 TL Lebkuchengewürz
1 EL Rohrohrzucker
4 Frühlingszwiebeln
250 g Shiitakepilze
4 Stiele Minze
4 Stiele Koriandergrün
1 kleines Bund Thai-Basilikum
4 EL helle Sojasauce
2 EL geröstetes Sesamöl
2 TL Srirachasauce
Salz
2 Bio-Limetten

Okara-Dumplings
1 Zwiebel
1 Stange Lauch
8 Shiitakepilze
3 EL Öl
100 ml Shaoxiang-Wein
(ersatzweise Sherry fino)
Salz | Pfeffer aus der Mühle
125 g Okara (siehe Grundrezept Seite 151 und 152)
2 Eier (M)
100 g Panko
Kala Namak

Topf mit Dämpfeinsatz
Backpapier

Für die Asia-Suppe den Ingwer und den Knoblauch schälen und in Scheiben schneiden. Beides in einem großen Topf mit der Brühe, dem Lebkuchengewürz und dem Zucker erhitzen. Mit geschlossenem Deckel knapp unter dem Siedepunkt 30 Minuten ziehen lassen.

Für die Okara-Dumplings die Zwiebel schälen und in feine Würfel schneiden. Den Lauch putzen, in Ringe schneiden, waschen und abtropfen lassen. Die Pilze putzen, entstielen und klein schneiden. Das Öl in einer Pfanne erhitzen, Zwiebel, Lauch und Pilze darin 5 Minuten anbraten. Mit dem Wein bzw. Sherry ablöschen und diesen verkochen lassen. 100 ml von der gewürzten Brühe dazugießen und ebenfalls verkochen lassen.

Die Mischung vom Herd nehmen, mit Salz und Pfeffer würzen und anschließend im Blitzhacker etwas anmixen. In einer Schüssel mit Okara mischen, Eier und Panko dazugeben, mit 4 Miniprisen Kala-Namak sowie Salz und Pfeffer würzen und alle Zutaten gut verkneten. Aus der Masse 16 Bällchen formen.

Die Bällchen in einem Topf mit Dämpfeinsatz auf kleinen Stücken Backpapier über kochendem Wasser 12 Minuten dämpfen, dabei gegebenenfalls zwischendurch etwas Wasser nachfüllen. Herausnehmen und 10 Minuten ruhen lassen.

Zum Fertigstellen der Asia-Suppe die Frühlingszwiebeln putzen, waschen und in Ringe schneiden. Die Pilze putzen und entstielen. Die Kräuter waschen und trocken tupfen, die Blätter abzupfen. Knoblauch und Ingwer aus der Suppe fischen, Sojasauce, Sesamöl und Srirachasauce unterrühren. Pilze, Frühlingszwiebeln und Dumplings in der heißen Suppe 3 bis 5 Minuten ziehen lassen. Die Hälfte der Kräuter unterrühren.Die Suppe mit Salz abschmecken.

Zum Servieren die Suppe auf tiefe Teller oder Suppenschalen verteilen. Die Limetten heiß waschen, trocken reiben und jeweils vierteln. Die restlichen Kräuter und die Limettenviertel zum individuellen Würzen zur Suppe reichen.

Shakshuka

mit Okara-Falafeln

4 Personen 50 min

Okara-Falafeln
4 EL Speisestärke
2 TL Backpulver
2 Knoblauchzehen
2 kleine Schalotten
2 Stängel Petersilie
250 g Okara (aus Sojabohnen oder Kichererbsen, siehe Seite 154)
4 EL Zitronensaft
3 TL Dukkah
Salz | Pfeffer aus der Mühle
1 EL gerösteter Sesamsamen
Öl zum Frittieren

Shakshuka
2 Zwiebeln
4 Knoblauchzehen
2 grüne Paprikaschoten
1,5 kg Tomaten
6 EL Olivenöl
2 TL Zucker
Salz
1 TL gemahlener Kreuzkümmel
1 TL edelsüßes Paprikapulver
1 TL Cayennepfeffer
Pfeffer
8 Stängel Koriandergrün
2 Bio-Zitronen
2 TL Dukkah

Außerdem
Tahin-Dip (siehe Seite 73)

Das Gemüse wird zum Braten auf zwei Pfannen aufgeteilt, weil die haushaltsüblichen Pfannen etwas zu klein sind für die Menge.
Dazu passt dünnes, aufgebackenes Fladenbrot, z. B. Chubz, oder geröstetes Weißbrot.

Für die Okara-Falafeln Speisestärke und Backpulver mischen. Knoblauch und Schalotten schälen und fein würfeln. Die Petersilie waschen, trocken tupfen und samt Stielen fein hacken. Okara und die vorbereiteten Zutaten in einen Mixbecher füllen. Zitronensaft, Dukkah, ½ TL Salz und Pfeffer dazugeben und alles mit dem Stabmixer zu einer feinen Masse mixen. Die Sesamsamen unterrühren.

Für die Shakshuka die Zwiebeln und den Knoblauch schälen und in feine Würfel schneiden. Die Paprikaschoten längs halbieren, entkernen, waschen und in Würfel schneiden. Die Tomaten waschen und in Würfel schneiden, dabei die Stielansätze entfernen.

Das Olivenöl in zwei Pfannen erhitzen. Alle Zutaten ab jetzt zu gleichen Teilen auf die Pfannen aufteilen: Zwiebeln und Knoblauch bei mittlerer Hitze etwa 5 Minuten glasig dünsten. Zucker dazugeben und leicht karamellisieren lassen. Paprika und Tomaten hinzufügen, salzen und zugedeckt etwa 8 Minuten weich dünsten. Dabei gelegentlich umrühren. Gewürze und 200 ml Wasser mischen und unter das Gemüse rühren. Das Gemüse mit Pfeffer würzen und offen bei nicht zu starker Hitze 10 bis 15 Minuten einköcheln lassen.

Inzwischen den Tahin-Dip zubereiten und mit etwas Wasser zu einer dickflüssigen Sauce verdünnen.

Für die Shakshuka Koriandergrün waschen, trocken tupfen und die Blätter fein hacken. Zitronen heiß waschen und trocken reiben. Die Schale fein abreiben, aus 1 Zitrone den Saft auspressen. Zitronenschale und die Hälfte des Koriandergrüns in die Sauce rühren. Mit Salz, Pfeffer und Zitronensaft abschmecken. Zugedeckt warm halten.

Zum Frittieren der Okara-Falafeln 5 cm hoch Öl in einem Topf erhitzen. Mit einem Holzstäbchen testen, ob das Fett heiß genug ist. Wenn beim Hineinhalten sofort Bläschen aufsteigen, ist die richtige Temperatur erreicht. Von der Okara-Masse ein kleines Stückchen probefrittieren und nach dem Abtropfen probieren. Gegebenenfalls nachsalzen. Dann mit den Händen 12 abgeflachte, etwa 2 cm dicke Falafeln mit glatter Oberfläche formen. Portionsweise im nicht zu heißen Fett etwa 5 Minuten knusprig braun frittieren. Mit dem Schaumlöffel herausheben und auf Küchenpapier abtropfen lassen.

Zum Servieren die Shakshuka vom Herd nehmen und mit dem Tahin-Dip beträufeln. Die Falafeln daraufsetzen. Alles mit dem restlichen Koriandergrün und dem Dukkah bestreuen. Die übrige Zitrone vierteln und zum Nachsäuern bei Tisch dazulegen.

Yuba-Stir-Fry

mit Brokkoli und Pilzen

2 Personen | 50 min | 30 min Einweichen

Yuba-Gemüse-Mix

50 g Yuba (getrocknet, in Röllchen)
400 g Brokkoli
½ kleine Stange Lauch
1 rote Zwiebel
200 g Champignons
1 rote Chilischote (nach Belieben)
2 EL Öl zum Anbraten
Salz | Pfeffer aus der Mühle

Stir-Fry-Sauce

1 Scheibe Ingwer
2 Knoblauchzehen
3 EL Sojasauce
2 EL Reisessig
1 EL Sesamöl
2 TL Ahornsirup
Salz | Pfeffer aus der Mühle

Mit frischer Yuba

Auch mit frischer Yuba aus der Eigenproduktion lässt sich dieses Gericht zubereiten. Diese nicht einweichen, sondern im Gegenteil leicht antrocknen lassen und dann vorsichtig – wie im Rezept beschrieben – pfannenrühren.

Für den Yuba-Gemüse-Mix die Yuba-Röllchen mindestens 30 Minuten in ausreichend Wasser einweichen, bis sie sich entfalten lassen.

Den Brokkoli in Röschen teilen, waschen und in einem Topf mit Dämpfeinsatz über kochendem Wasser 4 bis 5 Minuten bissfest dämpfen. In ein Sieb abgießen, kalt abschrecken und abtropfen lassen. Den Lauch putzen, in Ringe schneiden, waschen und abtropfen lassen. Die Zwiebel schälen und in Streifen schneiden. Die Champignons putzen und in Scheiben schneiden. Nach Belieben die Chilischote waschen und in Ringe schneiden.

Für die Stir-Fry-Sauce Ingwer und Knoblauch schälen und fein reiben. Mit den übrigen Zutaten verrühren und die Sauce mit Salz und Pfeffer würzen.

Zum Braten die Yuba-Röllchen aus dem Einweichwasser nehmen, kräftig ausdrücken und quer in 2 bis 3 cm breite Abschnitte schneiden.

Das Öl in einer großen Pfanne oder einem Wok erhitzen. Die Zwiebel darin bei starker Hitze pfannenrühren, bis sie ganz leicht gebräunt ist. Den Lauch, gegebenenfalls Chili und die Pilze hinzufügen und 3 bis 4 Minuten pfannenrühren. Dann das Yuba hinzufügen und weiterrühren, bis es rundherum leicht gebräunt ist. Anschließend den Brokkoli dazugeben und weiter pfannenrühren, bis der Brokkoli heiß ist. Den Yuba-Gemüse-Mix mit Salz und Pfeffer würzen.

Die Sauce dazugeben und noch kurz weiterrühren, bis alles mit Sauce überzogen ist.

Zum Servieren vom Herd nehmen und auf Teller verteilen. Dazu passt Basmati- oder Jasminreis.

Mit „Stir-Fry" werden gleich zwei Kochtechniken beschrieben. Beim „bao" werden bei hohen Temperaturen unter ständiger Bewegung Gemüse, Fleisch und Co. in heißem Öl für wenige Minuten trocken im Wok gegart. Beim „chao" wird dagegen – wie hier – am Ende noch eine häufig mit Stärke angerührte Sauce dazugegeben, die dafür sorgt, dass das Gargut einen glänzenden, aromatischen Überzug erhält.

Die Geschichte zum Rezept – Tohu Thoke

Myanmar ist nicht nur das Land der goldenen Pagoden, sondern auch der aromatischen Salate. „Thoke", wie die Salate in der Landessprache genannt werden, sind das Herzstück der burmesischen Küche und werden auf den Streetfood-Märkten der Metropole Yangon oder denen des kulturellen Zentrums Mandalay in unterschiedlichsten Varianten angeboten. Ob mit Reis, Nudeln oder Kartoffeln, Tomaten, Bohnen oder fermentierten Teeblättern – jede einzelne Version überrascht durch unterschiedliche Aromenwelten und ist ein wahres Fest für Streetfood-Junkies.

Auch der Tohu Thoke steht auf der Beliebtheitsskala weit oben. Seine Basis ist der für Myanmar typische Kichererbsen-Tofu – weich und fast cremig – der für den Salat einfach in Streifen geschnitten wird. Die weitere Zubereitung variiert von Koch zu Koch. Ein Muss als Würzbasis sind Chilischoten und Limetten. Ebenso unverzichtbar sind frische und frittierte Schalotten und frittierter Knoblauch sowie das durch das Frittieren aromatisierte Öl.

Ungewöhnlich, aber ebenso gerne verwendet: Langsam geröstetes Kichererbsenmehl, das über den Tofu gestreut wird. Es verleiht dem Salat eine nussige Note. Gerne wird der Tohu Thoke auch mit getrockneten Shrimps oder Fischsauce aromatisiert, aber auch vegetarische Varianten sind beliebt. Getoppt wird alles mit gehackten Erdnüssen und vietnamesischem Koriander, der auch hierzulande immer häufiger erhältlich ist – und das nicht nur im Asia-Shop, sondern auch in innovativen Kräuter-Gärtnereien.

Typisch Myanmar: „Goldener" Tofu aus Kichererbsen

Tohu Thoke

Burmesischer Shan-Tofu-Salat

4 Personen 30 min

Basics
4 Schalotten
4 Knoblauchzehen
100 ml Öl
2 EL Limettensaft
1 TL Kokosblütenzucker (ersatzweise Rohrohrzucker)
Salz
4 TL Kichererbsenmehl

Dressing
2 EL Tamarindenmus
2 TL Fischsauce
2 EL Schalotten-Knoblauch-Öl (siehe Basics)
3 TL Kokosblütenzucker (ersatzweise Rohrohrzucker)
1–2 rote Chilischoten (z. B. Birds Eye)
1 Knoblauchzehe
Salz

Außerdem
1 Rezept Shan-Tofu (siehe Seite 155)
1 Frühlingszwiebel
3 Stiele vietnamesischer Koriander (ersatzweise klassischer Koriander)
4 EL geröstete Erdnusskerne

Einfach vegan

Ihr könnt das Gericht ganz einfach vegan abwandeln, indem ihr 2 TL No-Fish-Sauce anstelle der Fischsauce verwendet. Diese erhält ihren „fischigen" Geschmack durch beigefügte Algen.

Für die Basics die Schalotten und den Knoblauch schälen und in dünne Scheiben schneiden, die Schalottenscheiben in Ringe teilen. Das Öl in einem Topf erhitzen und die Hälfte der Schalottenringe darin portionsweise bei nicht zu starker Hitze knusprig braun ausbacken. Mit einem Schaumlöffel herausheben und auf Küchenpapier abtropfen lassen. Die Knoblauchscheiben ebenfalls goldbraun ausbacken, herausheben und abtropfen lassen. Das Öl aufbewahren und abkühlen lassen, es wird für das Dressing benötigt.

Die unfrittierten Schalottenringe mit Limettensaft und Zucker verrühren und mit Salz würzen.

Das Kichererbsenmehl in einer Pfanne bei nicht zu starker Hitze anrösten, bis es leicht gebräunt ist. Dann vom Herd nehmen.

Für das Dressing Tamarindenmus, Fischsauce, 2 EL des Schalotten-Knoblauch-Öls, Zucker und 60 ml Wasser verrühren. Die Chili(s) waschen, in Ringe schneiden und dazugeben. Den Knoblauch schälen und dazupressen. Das Dressing mit Salz abschmecken.

Zum Fertigstellen den Shan-Tofu in kurze Scheibchen schneiden und auf vier tiefe Teller oder Bowls verteilen. Das geröstete Kichererbsenmehl darüberstreuen. Die Frühlingszwiebel putzen, waschen, in feine Ringe schneiden und darauf verteilen. Den Koriander waschen und trocken tupfen. Die Blätter abzupfen und klein schneiden oder zupfen. Ebenfalls über den Tofu streuen.

Zum Servieren alles mit dem Dressing beträufeln. Zuerst die marinierten Schalotten, dann die gerösteten Schalotten und den gerösteten Knoblauch über den Salat streuen. Zuletzt die Erdnusskerne fein hacken, darüberstreuen und den Salat servieren. Nach Belieben mit etwas Schalotten-Knoblauch-Öl nachwürzen.

Shan-Tofu-Fladenbrot

mit Labneh und Ofengemüse

4 Personen | 60 min | 2 tg Abtropfen

Labneh
500 g Sojajoghurt
1 EL Zitronensaft
1 EL Olivenöl
2 Knoblauchzehen
Salz | Pfeffer aus der Mühle

Ofengemüse
200 g Zucchini
1 rote Paprikaschote
200 g Süßkartoffel
3 TL Kebabgewürz (siehe Seite 117)
2 EL Olivenöl
1 TL Zucker
Salz

Marinierte Zwiebeln
1 rote Zwiebel
1 Bund Petersilie
2 EL Weißweinessig
1 EL Olivenöl
2 TL Zucker
Salz

Außerdem
1 Portion Shan-Tofu (siehe Seite 155)
Öl zum Frittieren
Salz
4 Lavash-Fladenbrote (aus dem arabischen Lebensmittelmarkt; ersatzweise anderes Fladenbrot)
2 EL Olivenöl
1 TL Schwarzkümmel

Auflaufform
Backblech

Für den Labneh 2 Tage vorher starten. Ein Sieb mit einem sauberen Küchentuch auslegen und auf einen Topf setzen. Den Sojajoghurt hineingeben und das Tuch über den Joghurt schlagen. Mit einem Teller beschweren und im Kühlschrank 2 Tage abtropfen lassen.

Am Zubereitungstag den abgetropften Sojajoghurt in eine Schüssel umfüllen, die Flüssigkeit weggießen. Den Sojajoghurt mit Zitronensaft und Olivenöl verrühren, den Knoblauch schälen und dazupressen. Mit Salz und Pfeffer würzen.

Für das Ofengemüse den Backofen auf 220 °C Ober-/Unterhitze vorheizen. Zucchini, Paprika und Süßkartoffeln putzen und waschen bzw. schälen und in kleine Würfel schneiden. In einer Auflaufform mit dem Kebabgewürz, dem Olivenöl, Zucker und etwas Salz mischen. Im Ofen auf der mittleren Schiene 30 Minuten backen.

Für die marinierten Zwiebeln während das Gemüse gart die Zwiebel schälen und in feine Würfel schneiden. Die Petersilie waschen und trocken tupfen, die Blätter abzupfen und fein hacken. Beides mit Essig, Öl, Zucker und Salz mischen und beiseitestellen.

Den Shan-Tofu in Scheiben schneiden. 4 cm hoch Öl in einem Topf erhitzen und die Tofuscheiben darin nacheinander knusprig braun frittieren. Mit einem Schaumlöffel herausheben und auf Küchenpapier entfetten. Mit Salz würzen.

Für das Ofengemüse nach 30 Minuten den Backofengrill dazuschalten und das Gemüse einige Minuten übergrillen, bis es leicht gebräunt ist. Dann herausnehmen. Den Ofen nicht ausschalten.

Zum Fertigstellen die Fladenbrote auf einer Seite mit dem Labneh bestreichen und zusammenklappen. Mit Olivenöl bestreichen und auf einem Backblech im Backofen 3 bis 4 Minuten knusprig backen.

Zum Servieren die heißen Fladenbrote auf Teller legen. Das Gemüse mit Salz abschmecken und darauf verteilen. Die Tofustreifen darauflegen und alles mit den marinierten Zwiebeln und Schwarzkümmel toppen. Sofort genießen.

Grob in der Optik, fein im Geschmack: Durch die Fermentation mit Edelschimmel erhalten Sojabohnen ein ganz besonderes Aroma, das entfernt an französischen Weichkäse erinnert.

TEMPEH

FEINES MIT DEM FERMENTIERTEN

Karamellisierte Salatherzen

mit Balsamico-Tempeh-Crumble

4 Personen 30 min

Tempeh

200 g Tempeh
2 Knoblauchzehen
3 EL Olivenöl
Salz
2 EL Ahornsirup
2 EL Hefeflocken
4 EL Aceto balsamico
Pfeffer aus der Mühle

Salatkomponenten

4 Romana-Salatherzen
150 g Heidelbeeren
40 g Sonnenblumenkerne
3 EL Olivenöl
8 TL Ahornsirup
Salz
8 EL Aceto balsamico
Pfeffer aus der Mühle

Außerdem

1 Auflaufform (20 x 30 cm)
2 große Pfannen
1 Kästchen Kresse (z. B. Rote-Rettich-Kresse)

Auflaufform

Zwei große Pfannen lohnen sich, so haben die Salatherzen genug Platz und braten schön braun an.
Dazu passt geröstetes Baguette oder Ciabatta.

Für den Tempeh den Backofen auf 200 °C Ober-/Unterhitze vorheizen. Den Tempeh zwischen den Fingern zerbröckeln. Den Knoblauch schälen und in feine Würfel schneiden. Beides in einer Auflaufform mit dem Olivenöl mischen und salzen. Im Ofen auf der mittleren Schiene 20 Minuten backen.

Für die Salatkomponenten die Salatherzen putzen, waschen, abtrocknen und halbieren. Die Heidelbeeren verlesen, waschen und trocken tupfen. Die Sonnenblumenkerne in einer großen Pfanne ohne Fett hellbraun anrösten und sofort herausnehmen.

In zwei großen Pfannen je 1½ EL Olivenöl erhitzen. Die Salatherzen darin mit der Schnittfläche nach unten mit geschlossenem Deckel kurz anbraten, bis die Schnittflächen ganz leicht gebräunt sind. Der geschlossene Deckel sorgt dafür, dass der Salat gleichmäßig gart. Die Salathälften jeweils mit einer Zange anheben und auf die frei werdende Fläche je 1 TL Ahornsirup geben. Salathälften wieder absetzen und etwas hin und her bewegen, damit sich der Sirup gut verteilt. Den Ahornsirup kurz karamellisieren. Die Salathälften erneut anheben. Die freie Fläche mit etwas Salz bestreuen und je 1 EL Aceto balsamico in die Pfanne geben. Die Salatherzen wieder absetzen, etwas hin und her bewegen, damit sich alles gut verteilt. Kurz glasieren, herausheben und mit der Schnittfläche nach oben auf vier Teller legen. Mit Pfeffer und gegebenenfalls noch etwas Salz würzen.

Für den Tempeh eine der Pfannen säubern. Den Tempeh aus dem Ofen nehmen, in die saubere Pfanne geben und kurz anbraten. Den Ahornsirup hinzufügen, leicht karamellisieren und den Tempeh damit überziehen. Die Hefeflocken kurz mitbraten. Mit dem Aceto balsamico ablöschen und diesen etwas verkochen lassen. Mit Pfeffer und gegebenenfalls noch etwas Salz abschmecken.

Zum Servieren Tempeh, Sonnenblumenkerne und Heidelbeeren auf die Salatherzen streuen. Kresse abschneiden und darübestreuen. Nach Belieben mit etwas Olivenöl beträufeln und sofort genießen.

Summer Rolls

mit Hoisin-Tempeh

4 Personen (16 stück) 30 min

Hoisin-Tempeh
200 g Tempeh
2 EL Öl
Salz
2 EL Zitronensaft
4 EL Hoisinsauce

Füllung
200 g Möhren
10 Radieschen
4 EL Reisessig
Salz
1 Paprikaschote (gelb, rot oder orange)
10 cm Salatgurke
200 g Salatblätter (z.B. Batavia oder Lollo bionda)

Füllung
16 runde Reispapierblätter (22 cm Ø, ca. 150 g)

Topf mit Dämpfeinsatz

Pflaumensauce

2 rote Pflaumen waschen, halbieren und entsteinen, 1 Knoblauchzehe schälen. Beides klein schneiden und mit 50 g Rohrohrzucker, ½ TL Ingwerpulver, je 1 EL Reisessig und Sojasauce, 1 Gewürznelke und 1 Prise Chilipulver aufkochen. Zugedeckt bei schwacher Hitze 5 Minuten, dann offen 3 Minuten köcheln lassen. Die Nelke entfernen. Die Sauce fein pürieren, durch ein Sieb streichen und abkühlen lassen.

Den Tempeh halbieren und in einem Topf mit Dämpfeinsatz über kochendem Wasser 5 Minuten dämpfen. Danach vom Herd nehmen und etwas abkühlen lassen.

Für die Füllung inzwischen die Möhren putzen, schälen, quer halbieren und anschließend in feine Streifen schneiden (Juliennes). Die Radieschen putzen, waschen und in feine Scheiben hobeln. Beides getrennt mit je 2 EL Reisessig marinieren, leicht salzen.

Die Paprika halbieren und entkernen, die Hälften waschen und in schmale Streifen schneiden. Die Gurke waschen und in schmale Streifen schneiden. Den Salat putzen, waschen und trocken schleudern. Harte Stiele und Blattrippen entfernen, die Blätter anschließend etwas klein zupfen.

Den Tempeh in 16 Streifen schneiden. Das Öl in einer großen Pfanne erhitzen. Den Tempeh darin rundherum anbraten, bis er leicht gebräunt ist, mit Salz würzen. Mit Zitronensaft, Hoisinsauce und 2 EL Wasser ablöschen und bei nicht zu starker Hitze köcheln lassen, bis er rundum mit Sauce überzogen ist. Vom Herd nehmen.

Zum Fertigstellen vier große, flache Teller bereitstellen. 4 Reispapierblätter nacheinander unter fließendes Wasser halten, sodass sie ganz nass sind und auf die vier Teller legen. Kurz warten, bis sie ganz weich sind. Dann mittig zunächst leicht überlappend etwa 10 cm breit in einem Streifen Radieschenscheiben auslegen. Darauf Salatblätter, 1 Tempehstreifen, Gurken-, Paprika- und Möhrenstreifen und zuletzt erneut ein paar Salatblätter legen. Das Reispapier von unten vorsichtig über die Füllung klappen, diese dabei fest zusammendrücken. Die Seiten einklappen und das Reispapier nach oben fest aufrollen. Auf diese Weise 16 Rollen herstellen.

Zum Servieren die Summer Rolls auf Teller verteilen und pur oder mit einem Dip servieren. Dazu passen beispielsweise Hoisin- oder Sriracha-Sauce. Wer selbst aktiv werde möchte, serviert dazu z. B. Erdnussdip (siehe Seite 129) oder Pflaumensauce (siehe Tipp).

Deluxe-Sandwiches

mit Mojo-Creme

4 Personen 40 min

Paprika und Tempeh
2 Paprikaschoten (gelb)
4 EL Olivenöl
Salz
400 g Tempeh
Kala Namak
1 TL geräuchertes Paprikapulver
4 EL Mojo (siehe unten)

Mojo-Creme
1 kleines Bund Petersilie (15 g)
1 Bund Koriandergrün (15 g)
1 grüne Chilischote
1 Knoblauchzehe
2 EL Olivenöl
1 EL Weißweinessig
1 EL Zitronensaft
1 TL Ahornsirup
1 Msp. gemahlener Kreuzkümmel
Salz | Pfeffer aus der Mühle
150 g pflanzlicher Crème-fraîche-Ersatz

Sandwich-Komponenten
2 große Tomaten
1 EL Weißweinessig
Salz | Pfeffer aus der Mühle
4 Salatblätter (z. B. Lollo rosso oder bionda)
1 Avocado
2 EL Zitronensaft
80 g Sprossen (z. B. Rote-Rettich-Sprossen)
8 dicke Scheiben Sandwichbrot (oder fluffiges Mehrkornbrot, à 50–65 g pro Scheibe)

2 Auflaufformen

Für Paprika und Tempeh den Backofen auf 200 °C Ober-/Unterhitze vorheizen. Die Paprikaschoten längs halbieren, entkernen, waschen und der Länge nach dritteln. Die Enden etwas glatt schneiden. Die Endstückchen für die Mojo beiseitelegen. Die Paprikaspalten in einer Auflaufform mit 1 EL Olivenöl mischen und salzen.

Den Tempeh je nach Form zuschneiden: Einen quaderförmigen 200-g-Block waagerecht halbieren, eine Rolle in etwa 8 mm dicke Scheiben schneiden. Den Tempeh von beiden Seiten mit 2 EL Olivenöl bepinseln und in eine zweite Auflaufform legen. Salzen und mit wenig Kala Namak bestreuen. Das Salz mit den Fingern etwas einarbeiten. Beide Auflaufformen auf die mittlere Schiene des Backofens stellen. Paprika und Tempeh insgesamt 25 Minuten backen.

Für die Mojo-Creme Petersilie und Koriander waschen und trocken tupfen. Die Blätter abzupfen. Die Chilischote waschen und in Ringe schneiden. Den Knoblauch schälen und grob klein schneiden. Die Paprika-Endstückchen, Kräuter, Chiliringe und Knoblauch in den Blitzhacker füllen. Olivenöl, Essig, Zitronensaft, Ahornsirup und Kreuzkümmel dazugeben. Mit Salz und Pfeffer würzen und fein pürieren, dann nochmals abschmecken. 4 EL Mojo für den Tempeh abnehmen. Den Rest mit dem pflanzlichen Crème-fraîche-Ersatz verrühren und erneut mit Salz und Pfeffer abschmecken.

Für den Tempeh nach 15 Minuten Backzeit 1 EL Olivenöl und das Paprikapulver verrühren und den Tempeh damit bestreichen. Weiterbacken, nach weiteren 5 Minuten mit der Mojo bestreichen und 5 Minuten fertig backen.

Für die Sandwich-Komponenten die Tomaten waschen und in Scheiben schneiden. Mit dem Essig beträufeln, salzen und pfeffern. Die Salatblätter waschen und trocken schleudern. Die Avocado halbieren, entkernen, schälen und in Scheiben schneiden. Mit dem Zitronensaft beträufeln, salzen und pfeffern. Die Sprossen waschen und trocken schleudern.

Zum Fertigstellen 4 Scheiben Sandwichbrot toasten. Mit der Hälfte der Mojo bestreichen, mit Salat, Tomaten, Tempeh, Avocadoscheiben und Paprika belegen. Mit den Sprossen toppen. Gleichzeitig nach und nach die übrigen 4 Brotscheiben toasten und ebenfalls mit Mojo bestreichen. Mit der bestrichenen Seite nach unten auf die Füllung legen. Die Sandwiches etwas zusammendrücken, diagonal halbieren und aus der Hand genießen.

Tempeh-Kebab

mit Rotkohlsalat

4 Personen 40 min

Sesamdip
2 Knoblauchzehen
60 g Tahin (Sesampaste)
3 EL Zitronensaft
1 TL Zucker
Salz | Pfeffer aus der Mühle

Rotkohlsalat
250 g Rotkohl
3 EL Rotweinessig
3 EL Olivenöl | 2 TL Zucker
Salz | Pfeffer aus der Mühle
1 Bund Dill

Kebab-Komponenten
1 Romana-Salatherz
½ Salatgurke
2 Tomaten
80 g Sprossen (z. B. Rote-Rettich-Sprossen)
1 türkisches Fladenbrot
4 EL vegane Mayonnaise

Tempeh-Kebab
400 g Tempeh
1 Zwiebel
4 EL Olivenöl | Salz
6 TL Kebabgewürz (siehe Tipp)
1 TL Zucker
4 EL Zitronensaft

Topf mit Dämpfeinsatz
Ofenrost | Backpapier

Kebabgewürz

Für das Kebabgewürz 4 TL edelsüßes Paprikapulver, je 1 TL rosenscharfes Paprikapulver, Pul Biber, Knoblauchpulver, gemahlenen Koriander, getrockneten Majoran, getrocknete italienische Kräuter und gemahlenen schwarzen Pfeffer sowie ½ TL gemahlenen Kreuzkümmel mischen. Die Mischung dunkel und trocken in einem geschlossenen Glas aufbewahren.

Für den Sesamdip den Knoblauch schälen und in grobe Würfel schneiden. Mit Tahin, Zitronensaft, Zucker und 2 bis 3 EL Wasser fein pürieren. Den Dip mit Salz und Pfeffer würzen.

Für den Rotkohlsalat den Rotkohl waschen und in feine Streifen hobeln. Mit Essig, Olivenöl und Zucker vermischen und mit Salz und Pfeffer würzen. Den Dill waschen und trocken tupfen. Die Spitzen abzupfen und grob hacken, zwei Drittel unter den Salat mischen.

Für die Kebab-Komponenten das Salatherz zerpflücken, die Blätter waschen und trocken schleudern. Die Gurke waschen und in Scheiben schneiden. Die Tomaten waschen und in Würfel schneiden, dabei die Stielansätze entfernen. Die Sprossen waschen und trocken schleudern. Den Backofen auf 160 °C Umluft vorheizen.

Für den Tempeh-Kebab die Tempehblöcke halbieren und in einem Topf mit Dämpfeinsatz über kochendem Wasser 5 Minuten dämpfen. Herausnehmen und von den Kanten her in kleine, unregelmäßig dünne Scheibchen schneiden. Die Zwiebel schälen und in feine Würfel schneiden.

Das Olivenöl in einer großen Pfanne erhitzen, den Tempeh darin mit geschlossenem Deckel etwa 8 Minuten anbraten, bis er rundherum leicht gebräunt ist, dabei hin und wieder wenden.

Inzwischen das Brot vierteln und von der Spitze zum Rand hin tief einschneiden, aber nicht ganz durchschneiden. Auf ein Ofenrost mit Backpapier legen. Die Fladenbrotecken auf der mittleren Schiene im Ofen etwa 6 Minuten aufbacken.

Die Zwiebelwürfel zum Tempeh geben und 3 bis 4 Minuten mitbraten. Den Tempeh kräftig salzen. Kebabgewürz und Zucker dazugeben und alles unter Rühren 1 bis 2 Minuten mit dem Gewürz überziehen. Zitronensaft hinzufügen und schnell verkochen lassen. Gegebenenfalls mit etwas Salz abschmecken. Vom Herd nehmen.

Zum Servieren die Brote aus dem Ofen nehmen, aufklappen und mit je 1 EL Mayonnaise bestreichen, dann mit Salat, Rotkohl, Gurke und Tomate belegen. Mit dem Dip beträufeln und anschließend den Tempeh-Zwiebel-Mix einfüllen. Die Sprossen darauf verteilen und den restlichen Dill darüberstreuen. Sofort aus der Hand genießen.

Zeit ist bei einer „Bolo" einer der wichtigsten Faktoren! Zeit zur Geschmackskonzentration, zum Braten und zum Köcheln. Häufig werden 2 Stunden oder mehr empfohlen. Das dauert mir zu lange! Ein wenig beschleunigen könnt ihr diesen Prozess, indem ihr zusätzlich zur Passata getrocknete Tomaten und Tomatenmark verwendet. Das sorgt schon nach 30 Minuten für einen runden, intensiven Geschmack.

Tempeh-Bolognese

mit Linguine

4 Personen 50 min

Tempeh-Bolognese
100 g Möhren
200 g Knollensellerie
1 Zwiebel
3 Knoblauchzehen
4 EL Olivenöl
70 g getrocknete Tomaten (in Öl)
1 Zweig Rosmarin
3 Zweige Thymian
2 Stiele Petersilie
2 EL Tomatenmark
ca. 1 EL Ahornsirup
50 ml trockener Rotwein
800 g Tomatenpassata
Salz
200 g Tempeh
2 EL Sojasauce
4 TL Hefeflocken
Pfeffer aus der Mühle
1 EL Mandelmus
1–2 EL Aceto balsamico

Pasta
400–500 g Linguine
Salz

Topf mit Dämpfeinsatz

Für die Tempeh-Bolognese Möhren, Sellerie, Zwiebel und 2 Knoblauchzehen schälen und in sehr feine Würfel schneiden. In einem Topf 2 EL Olivenöl erhitzen und das Gemüse darin etwa 7 Minuten andünsten. Inzwischen die getrockneten Tomaten abtropfen lassen und in kleine Würfel schneiden. Kräuter waschen und trocken tupfen. Blättchen bzw. Nadeln abzupfen und fein hacken. Tomaten, Thymian und Rosmarin zum Gemüse geben und 3 Minuten mitdünsten.

Nun die Temperatur erhöhen. Tomatenmark und Ahornsirup hinzufügen und kurz mitbraten. Dann mit Wein ablöschen und diesen etwas verkochen lassen. Die Passata und 400 ml Wasser untermischen, mit Salz würzen und aufkochen. Bei schwacher bis mittlerer Hitze etwa 30 Minuten köcheln lassen.

Die Tempehblöcke halbieren und in einem Topf mit Dämpfeinsatz über kochendem Wasser 5 Minuten dämpfen. Anschließend herausnehmen und kurz abkühlen lassen. 1 Knoblauchzehe schälen und in feine Würfel schneiden. Den Tempeh zwischen den Fingern zerbröseln. 2 EL Olivenöl in einer Pfanne erhitzen und den Tempeh darin etwa 8 Minuten knusprig braun braten.

Inzwischen die Pasta nach Packungsanweisung in kochendem Salzwasser bissfest garen. Sobald sie fertig ist, ½ Tasse Nudelwasser abnehmen. Die Pasta in ein Sieb abgießen und abtropfen lassen.

Für die Tempeh-Bolognese den Knoblauch zum Tempeh geben und kurz mitbraten. Die Sojasauce hinzufügen und verkochen lassen. Die Hälfte der Petersilie und 2 TL Hefeflocken kurz mit dem Tempeh in der Pfanne schwenken. Mit Salz und Pfeffer würzen.

Zum Fertigstellen Mandelmus, etwas Nudelwasser und 2 TL Hefeflocken unter die Sauce rühren. Die Sauce mit Salz, Pfeffer und Aceto balsamico abschmecken. Die Nudeln zurück in den Topf geben und die Sauce sowie die Hälfte des Tempeh untermischen. Auf vier Teller verteilen und mit dem restlichen Tempeh und der übrigen Petersilie bestreut servieren.

Die Geschichte zum Rezept – Tempeh Sambal Goreng

In der indonesischen, aber auch in der malayischen Küche spielen Sambals, Würzsaucen auf Chilibasis, eine gewichtige Rolle. Während hierzulande nur Sambal Oelek und eventuell noch das milde Sambal Manis Beachtung finden, beleben vor Ort unzählige Varianten der mal mehr, mal weniger scharfen Chilipasten die Gaumen der Liebhaber von „spicy food". Beliebte weitere Zutaten sind etwa Garnelenpaste und Tamarindenmus, aber auch Knoblauch, Ingwer oder Nüsse. Besonders scharf sind die kalt zubereiteten, frisch gemörserten Sambals, da die Chilis ihre Schärfe hier besonders gut entfalten können.

Die frischen Sambals werden dann auch in erster Linie zum fixen Nachschärfen verwendet. Milder wird es, wenn das Sambal gebraten wird. Dann wird daraus ein Sambal Goreng, denn „goreng" bedeutet „braten". Diese Variante ist auch in der malayischen Küche beliebt und kann in vielen Restaurants in Singapur und Kuala Lumpur gefunden werden.

Wenn dann noch Gemüse, Fleisch, Garnelen oder Eier dazukommen, entsteht daraus ein eigenes Gericht, etwa „Sambal Goreng Telur" mit Eiern (telur). Auch der vegane Schatz der indonesischen Küche, der fermentierte Tempeh, genießt nach dem Anbraten ein kurzes Bad in würziger, in diesem Fall durch die Zugabe von Tamarindenmus süßsaurer Chilisauce, und ist so zu einem der beliebtesten veganen Gerichte Indonesiens geworden.

Eines der beliebtesten veganen Gerichte Indonesiens

Tempeh Sambal Goreng

mit Zuckerschoten

4 Personen 35 min

Sambal
400 g Tomaten
3 rote Chilischoten
6 Knoblauchzehen
20 g Ingwer (oder Galgant)
4 EL Kokosblütenzucker (oder Palmzucker)
2 EL Tamarindenmus
Salz

Reis
300 g Jasminreis
Salz

Außerdem
250 g Zuckerschoten
2 Zwiebeln
400 g Tempeh
Öl zum Ausbacken
4 EL Ketjap manis
Pfeffer aus der Mühle

Für das Sambal die Tomaten waschen und klein schneiden, dabei die Stielansätze entfernen. Die Chilis waschen und in Ringe schneiden, Kerne nach Wunsch entfernen. Knoblauch und Ingwer bzw. Galgant schälen und grob klein schneiden. Die Zutaten in eine Schüssel geben, Zucker und Tamarindenmus hinzufügen und alles mit dem Stabmixer fein pürieren. Mit Salz kräftig abschmecken.

Den Reis in einem Sieb gründlich waschen, bis das ablaufende Wasser klar bleibt, anschließend abtropfen lassen. Den Reis in einem Topf mit 600 ml leicht gesalzenem Wasser zum Kochen bringen. Zugedeckt bei schwacher Hitze garen, bis die Reiskörner das Wasser aufgenommen haben. Dann noch einige Minuten auf dem ausgeschalteten Herd quellen lassen.

Zum Fertigstellen die Zuckerschoten putzen und waschen. Die Zwiebeln schälen und in feine Würfel schneiden.

Den Tempeh in kurze Streifen schneiden. 1 cm hoch Öl in einer großen Pfanne erhitzen und den Tempeh darin rundherum knusprig braun ausbacken. Mit einem Schaumlöffel herausheben und auf Küchenpapier abtropfen lassen.

Einen Großteil des Öls abgießen, sodass nur noch ein dünner Film in der Pfanne verbleibt. Die Zwiebelwürfel darin unter Rühren bei starker Hitze anbraten. Die Zuckerschoten hinzufügen und 1 bis 2 Minuten mitbraten. Das Sambal dazugießen, aufkochen und unter Rühren einige Minuten einkochen lassen. Das Ketjap manis unterrühren und die Sauce mit Salz und Pfeffer würzen. Den Tempeh unterheben und kurz erhitzen, dann vom Herd nehmen.

Zum Servieren den Reis auflockern und auf vier Teller verteilen. Das Tempeh Sambal Goreng darauf anrichten.

Tempeh Kecap

mit Zitronengras

4 Personen 30 min

Würzpaste

1 Bio-Limette
6 kleine asiatische Schalotten (oder 2 große)
6 Knoblauchzehen
20 g Ingwer
3 EL Öl
2 EL Kokosblütenzucker

Würzsauce

4 EL Ketjap manis
2 EL helle Sojasauce

Tempeh-Gemüse-Mix

2 Paprikaschoten (rot und gelb)
1 Bund Frühlingszwiebeln
2 rote Chilischoten
2 Stangen Zitronengras
6 kleine asiatische Schalotten (oder 2 große Schalotten)
1 Bio-Limette
400 g Tempeh
Salz
Öl zum Braten
4 Kaffir-Limettenblätter
100 g geröstete Erdnusskerne

Dazu passt Basmati- oder Jasminreis.

Für die Würzpaste die Limette heiß waschen und trocken reiben, die Schale abreiben und den Saft auspressen. Schalotten, Knoblauch und Ingwer schälen und grob klein schneiden. Mit Öl, Limettenschale und 2 EL Limettensaft sowie Kokosblütenzucker im Blitzhacker oder mit dem Stabmixer zu einer feinen Paste mixen.

Für die Würzsauce Ketjap manis und Sojasauce mit 2 EL Wasser glatt rühren.

Für den Tempeh-Gemüse-Mix die Paprikaschoten halbieren, entkernen, waschen und in Streifen schneiden. Die Frühlingszwiebeln putzen, waschen und in Ringe schneiden. Die Chilischoten und das Zitronengras waschen, die Chilischoten in Ringe schneiden, das Zitronengras putzen und jeweils einmal längs und quer halbieren. Die Schalotten schälen und in Ringe schneiden. Die Limette heiß waschen, trocken reiben und vierteln.

Den Tempeh in kurze Streifen schneiden. In einer großen Pfanne oder einem Wok 1 cm hoch Öl erhitzen und den Tempeh darin etwa 7 Minuten rundherum knusprig braun ausbacken, dabei hin und wieder wenden. Herausnehmen, auf Küchenpapier abtropfen lassen und salzen. Einen Großteil des Öls abgießen, sodass nur noch ein dünner Film in der Pfanne bzw. dem Wok verbleibt.

Zum Fertigstellen die Schalotten in der Pfanne kurz anbraten. Zitronengras und Chiliringe dazugeben und kurz mitbraten. Die Paprikastreifen und die Limettenblätter ebenfalls hinzufügen und unter Rühren 4 Minuten anbraten. Die Würzpaste dazugeben und weiterbraten, bis sie leicht gebräunt und die Paprika knapp gar ist.

Den Tempeh, den weißen Teil der Frühlingszwiebeln und die Erdnüsse hinzufügen und kurz anbraten, dann die Würzsauce und den grünen Teil der Frühlingszwiebeln dazugeben und weiterrühren, bis alles von der glänzenden Sauce überzogen ist. Vom Herd nehmen. Limettenblätter und Zitronengras entfernen. Mit Salz abschmecken und mit den Limettenvierteln zum Nachwürzen servieren.

Da Sojasaucen in verschiedenen Varianten in ganz Ostasien beliebt sind, gibt es auch unterschiedliche Bezeichnungen dafür. In Indonesien heißen sie „Kecap", am bekanntesten ist dort der mildsüße „Kecap (oder Ketjap) manis". Dieser ist auch namensgebend für eine ganze Reihe eher milder Schmorgerichte, bei denen das Gargut, in diesem Fall Tempeh, mit der dickflüssigen Sauce überzogen wird.

„Kimchi-Bokkeum-Bap", gebratener Kimchi-Reis, ist ein beliebtes Gericht in Korea. Dort gehört Kimchi quasi zu jeder Mahlzeit. Kein Wunder, denn der fermentierte Chinakohl ist ein echter Geschmacksbooster. Die Chilipaste Gochujang wird ebenfalls fermentiert und schmeckt dadurch süß, scharf und komplex. Alternativ geht auch Thai-Chili-Paste, die hat allerdings ein intensives Knoblaucharoma.

Kimchi-Fried-Rice

mit glasiertem Tempeh

4 Personen | 45 min | 12 std Kühlen

Kimchi-Fried-Rice
300 g Rundkorn- oder Mittelkornreis (z. B. Sushi-Reis)
Salz
300 g Kimchi
1 EL Gochujang-Paste (koreanische Chilipaste)
1 EL Sojasauce
½ Bund Frühlingszwiebeln
2 EL Öl
2 EL geröstetes Sesamöl

Glasierter Tempeh
3 EL Sojasauce
1 EL geröstetes Sesamöl
1 EL Reisessig
2 TL Gochujang-Paste (koreanische Chilipaste)
2 TL Ahornsirup
1 TL Ingwerpulver
200 g Tempeh
2 EL Öl

Außerdem
1 geröstetes Noriblatt
2 TL geröstete Sesamsamen

Am Vortag den Reis in einem Topf gründlich waschen, bis das abgegossene Wasser klar bleibt. Den Reis erneut mit Wasser bedecken und 30 Minuten einweichen. Dann in einem Sieb abtropfen lassen. Den gewaschenen Reis mit 450 ml leicht gesalzenem Wasser aufkochen und zugedeckt bei mittlerer Hitze 5 Minuten garen. Anschließend bei schwacher Hitze weitere 7 Minuten garen, vom Herd nehmen und zugedeckt 10 Minuten ziehen lassen. Den gegarten Reis auflockern, in eine Schüssel umfüllen und vollständig auskühlen lassen. Über Nacht zugedeckt kühl stellen.

Am nächsten Tag für den glasierten Tempeh Sojasauce, Sesamöl, Reisessig, Gochujang-Paste, Ahornsirup und Ingwerpulver zu einer Marinade verrühren. Den Tempeh in Streifen schneiden und in die Marinade legen.

Das Noriblatt in feine, 4 bis 5 cm lange Streifen schneiden.

Für den Kimchi-Fried-Rice den Kimchi in einem Sieb abtropfen lassen und etwas ausdrücken, dabei die Flüssigkeit auffangen. 100 ml davon abmessen und mit der Gochujang-Paste und der Sojasauce verrühren. Den Kimchi sehr klein schneiden. Die Frühlingszwiebeln putzen, waschen und in Ringe schneiden.

Das Öl in einem großen Wok erhitzen und den Kimchi darin 1 bis 2 Minuten scharf anbraten. Reis, die gewürzte Kimchi-Flüssigkeit und den weißen Teil der Frühlingszwiebeln dazugeben und einige Minuten unter Rühren garen, bis der Reis gleichmäßig rot gefärbt ist.

Den Tempeh aus der Marinade nehmen. In einer Pfanne das Öl erhitzen und den Tempeh anbraten, bis er rundherum leicht gebräunt ist. Dann die Marinade dazugießen und noch einige Minuten schwenken, bis der Tempeh schön glasiert ist.

Zum Servieren das Sesamöl unter den Reis rühren. Den Reis auf vier Teller verteilen und den Tempeh darauf anrichten. Mit dem Frühlingszwiebelgrün, Sesam und Noristreifen garnieren.

Satay-Bowl

mit Erdnussdip

4 Personen 60 min

Tempeh
400 g Tempeh
120 ml Tamari
4 EL Limettensaft
4 EL Kokosblütenzucker
2 EL Öl
2 TL Srirachasauce
2 Knoblauchzehen

Erdnussdip
1 Scheibe Ingwer
2 Knoblauchzehen
1 EL Öl
2 EL Kokosblütenzucker
100 g Erdnussmus (fein)
3 EL Tamari
2 EL Limettensaft
2–3 TL Srirachasauce
Salz

Reis
300 g Jasminreis
Salz

Gemüse-Mix
200 g Möhren
Salz
½ Salatgurke
8 Radieschen
2 EL Limettensaft
8 Blätter Radicchio
50 g geröstete Erdnusskerne

Topf mit Dämpfeinsatz
Backblech | Backpapier

Den Tempeh in Dreiecke schneiden. In einem Topf mit Dämpfeinsatz über kochendem Wasser 8 Minuten dämpfen. Inzwischen Tamari, Limettensaft, Zucker, Öl und Srirachasauce zu einer Marinade verrühren. Den Knoblauch schälen und dazupressen. Den Tempeh in die Marinade legen und 30 Minuten marinieren.

Für den Erdnussdip den Ingwer und den Knoblauch schälen und in sehr feine Würfel schneiden. Das Öl in einer Pfanne erhitzen, die Ingwer- und die Knoblauchwürfel darin andünsten. Den Zucker dazugeben und leicht karamellisieren lassen. Erdnussmus, Tamari, Limettensaft, 2 TL Srirachasauce und 125 ml Wasser dazugeben. Die Mischung aufkochen und kurz köcheln lassen, dann vom Herd nehmen und abkühlen lassen. Dabei dickt der Dip ein. Sobald er kalt ist, erneut mit wenigen Esslöffeln Wasser zu einer cremigen, dickflüssigen Konsistenz glatt rühren und mit Salz und Srirachasauce süßlichscharf abschmecken.

Für den Tempeh den Backofen auf 220 °C Ober-/Unterhitze vorheizen und ein Blech mit Backpapier auslegen. Den Tempeh darauf verteilen und auf der mittleren Schiene 20 Minuten backen. Während dieser Zeit noch zweimal mit der Marinade bepinseln und einmal wenden. Dann sollte er leicht gebräunt und schön glasiert sein.

Den Reis gründlich in einem Sieb waschen, bis das ablaufende Wasser klar bleibt, dann abtropfen lassen.Den Reis in einem Topf mit 600 ml leicht gesalzenem Wasser zum Kochen bringen. Anschließend zugedeckt bei schwacher Hitze garen, bis die Reiskörner das Wasser aufgenommen haben. Dann noch einige Minuten auf dem ausgeschalteten Herd quellen lassen.

Für den Gemüse-Mix während Tempeh und Reis garen die Möhren putzen, schälen und mit dem Spiralschneider in feine Streifen schneiden. In der übrigen Tempeh-Marinade wenden und mit Salz würzen. Die Gurke waschen, in Scheiben schneiden und salzen. Die Radieschen putzen, waschen und in dünne Scheiben hobeln. Anschließend mit Limettensaft beträufeln und ebenfalls mit Salz würzen. Den Radicchio putzen, die Blätter mundgerecht zerteilen, waschen und trocken schleudern. Die Erdnüsse grob hacken.

Zum Servieren alle Komponenten in 4 Portionen aufteilen. Für jede Bowl mit dem Reis eine Hälfte der Schüssel füllen, die Radicchioblätter in der anderen Hälfte auslegen. Möhren, Gurkenscheiben, Radieschen und die Tempeh-Ecken darauf verteilen. Mit den Erdnüssen garnieren. Den Dip in Schälchen dazu anbieten.

Süßzähne aufgepasst: Ob Tiramisu, Pancakes oder Nicecream – der Sojaliebling beherrscht auch die Klaviatur der Süßspeisen perfekt und sorgt bei Tofu-Einsteigern garantiert für Staunen.

SWEETS & DESSERTS

SÜSSES MIT TOFU

Aquafaba hat in den letzten Jahren einen regelrechten Hype erfahren. Denn als rein pflanzliche Alternative für Eiweiß ist es einfach unschlagbar. Das leicht dickflüssige Kochwasser von Hülsenfrüchten wie Kichererbsen und Bohnen enthält Stärke und Eiweiß und kann wie das Eiweiß vom Ei zu steifem Schnee geschlagen werden. Damit macht es pflanzliche Cremes wie diese Pralinencreme wunderbar luftig.

Pralinencreme

mit Himbeeren

4 – 6 Personen 15 min 2 + 4 std Kühlen

Pralinencreme
125 ml Sojadrink
200 g vegane Zartbitterschokolade
70 g Puderzucker
1 TL Bourbon-Vanillezucker
3 EL Kakaopulver
1 EL Haselnussmus
Salz
300 g Seidentofu
50 ml Aquafaba

Außerdem
200 g Himbeeren
1 TL Puderzucker

4–6 Dessertgläser oder Schälchen

Für die Pralinencreme mindestens 6 Stunden vor dem Genuss oder am Vortag den Sojadrink in einem Topf erwärmen. Die Schokolade klein hacken und darin schmelzen, dann den Topf vom Herd nehmen. Puderzucker, Vanillezucker, Kakaopulver, Haselnussmus und 2 Prisen Salz dazugeben und mit dem Stabmixer untermixen. Anschließend den Seidentofu untermixen. Die Masse auf Zimmertemperatur abkühlen lassen, das dauert gut 2 Stunden.

Die Himbeeren verlesen, waschen und auf Küchenpapier abtropfen lassen. Die Hälfte der Himbeeren auf vier oder sechs Dessertgläser verteilen, den Rest bis zur Verwendung kühl stellen.

Zum Fertigstellen der Pralinencreme das Aquafaba mit den Quirlen des Handrührgeräts zu einem steifem Schnee schlagen. Diesen unter die Schokoladenmasse heben.

Die Pralinencreme auf die Gläser verteilen und zugedeckt mindestens 4 Stunden kühl stellen.

Zum Servieren die Gläser aus dem Kühlschrank nehmen. Die übrigen Himbeeren auf der Creme verteilen und mit dem Puderzucker bestreuen. Sofort genießen.

Variante mit Rum

Für ein extra feines Aroma 2 EL braunen Rum zusammen mit dem Tofu unter die Schokomasse mixen.

Für Matcha-Pulver werden Teepflanzen einige Wochen im Schatten angebaut. In dieser Zeit produzieren die Blätter mehr Koffein und gesundheitsförderndes Theanin. Die getrockneten Blätter werden zermahlen und beispielsweise in einer japanischen Teezeremonie als Tee genossen. Genauso gerne werden mit dem Pulver aber mittlerweile Desserts aromatisiert, etwa Eiscreme, Mochi oder dieses Tiramisu.

Matcha-Tiramisu

mit Zitronencreme

6 Personen | 60 min | 20 min Backen + 12 std Kühlen

Matcha-Boden
2 Bio-Zitronen
150 g Weizenmehl (Type 405)
1 TL Backpulver
90 g Puderzucker
3 TL Matcha-Pulver
Salz
2 EL Öl
2 TL Vanilleextrakt
150 ml Mineralwasser (mit Kohlensäure)

Matcha-Tee
2 TL Matcha-Pulver
20 g Puderzucker
1 EL Zitronensaft (von den Zitronen)

Zitronencreme
300 g schnittfester Seidentofu (aus dem Asia-Shop)
90 g Puderzucker
4 EL Zitronensaft (von den Zitronen)
2 TL Vanilleextrakt
Salz
Kala Namak
250 g vegane Schlagcreme (z. B. auf Haferbasis)
1 Pck. Sahnestandmittel

Außerdem
3 TL Matcha-Pulver

Backpapier
1 Springform (28 cm Ø)
6 gerade Dessertgläser (à ca. 8 cm Ø)

Den Matcha-Boden am Vortag zubereiten. Dazu den Ofen auf 180 °C Umluft vorheizen. Einen Bogen Backpapier in den Boden einer Springform einspannen. Die Zitronen heiß waschen, trocken reiben, die Schale fein abreiben und den Saft auspressen.

In einer Schüssel Mehl, Backpulver, Puderzucker, Matcha-Pulver und 2 Prisen Salz mischen und eine Mulde hineindrücken. 1 EL Zitronensaft, Öl, Vanilleextrakt und Mineralwasser dazugießen und alles rasch zu einem glatten Teig verrühren. Den Teig gleichmäßig in der Backform verteilen und im Ofen auf der mittleren Schiene 20 Minuten backen. Herausnehmen und leicht abkühlen lassen. Anschließend aus der Form lösen und vollständig auskühlen lassen.

Für den Matcha-Tee in einer Tasse das Matcha-Pulver, den Puderzucker und den Zitronensaft mischen und mit 125 ml heißem Wasser (80 °C) übergießen. Glatt rühren und beiseitestellen.

Für die Zitronencreme in einer Schüssel Seidentofu, Puderzucker, Zitronensaft, abgeriebene Zitronenschale, Vanilleextrakt, 1 Prise Salz und 1 Miniprise Kala Namak glatt mixen. In einem Rührbecher die vegane Schlagcreme leicht anschlagen, dann das Sahnestandmittel unter Rühren einrieseln lassen und die Creme vollständig steif schlagen. Die steife Schlagcreme unter die Tofumasse heben.

Zum Fertigstellen aus dem Matcha-Boden mithilfe eines der Dessertgläser sechs Kreise mit 8 cm Durchmesser ausstechen, den restlichen Boden zerbröckeln und als erste Schicht auf die Dessertgläser verteilen. Anschließend mit je 2 TL Matcha-Tee tränken. Die Hälfte der Creme darauf verteilen, die Teigkreise darauflegen und leicht andrücken. Mit dem restlichen Tee tränken. Die übrige Creme darauf verteilen und glatt streichen. Zugedeckt über Nacht kühl stellen.

Zum Servieren die Tiramisu aus dem Kühlschrank nehmen. Das Matcha-Pulver mithilfe eines feinen Siebs über das Tiramisu stäuben und das Desserts sofort genießen.

Peanut-Butter-Nicecream

mit Salzkaramell und Schokospänen

6 Personen | 20 min | 5 std Gefrieren

Nicecream
300 g Seidentofu
150 ml vegane Schlagcreme
100 g Zucker
50 g Erdnussmus
2 TL Vanilleextrakt
Salz

Toppings
50 g vegane Zartbitterschokolade
50 g Zucker
100 ml vegane Schlagcreme
Salz
50 g gesalzene, geröstete Erdnusskerne

6 tiefkühlfeste Portionsförmchen à ca. 120 ml

Für die Nicecream ohne Eismaschine am Vortag oder mindestens 5 Stunden vor dem Genuss in einer Schüssel Seidentofu, Schlagcreme, Zucker, Erdnussmus, Vanilleextrakt und ¼ TL Salz mit dem Stabmixer zu einer glatten Creme rühren. In sechs tiefkühlfeste Portionsförmchen füllen und zugedeckt 5 Stunden im Tiefkühlfach gefrieren lassen. Alternativ die Creme in eine Eismaschine füllen und darin gefrieren lassen. Anschließend in die Förmchen füllen und glatt streichen. Ebenfalls ins Tiefkühlfach stellen.

Für die Toppings die Schokolade in feine Späne schneiden oder fein hacken. Für den Karamell den Zucker mit 70 ml Schlagcreme in einem Topf erhitzen und rühren, bis ein hellbrauner Karamell entstanden ist. Vom Herd nehmen und die restliche Schlagcreme unterrühren. Mit Salz leicht salzig abschmecken.

Zum Servieren die Portionsförmchen aus dem Tiefkühlfach nehmen. Den Karamell darüberträufeln und sofort Erdnüsse und Schokolade darüberstreuen. Alternativ die Nicecream kurz antauen lassen, vorsichtig auf Teller stürzen und mit den Toppings garnieren. Sofort genießen.

Einfach variieren

Die Auswahl an Nussmus ist mittlerweile groß. Das Dessert bekommt eine ganz andere Note, schmeckt aber ebenso gut mit Mandel-, Cashew- oder Macadamianussmus und den entsprechenden gesalzenen und gerösteten Nüssen als Topping.

Apple-Pie-Tacos

mit Zimtcreme und Pekan-Karamell

8 Personen 50 min

Apfelkompott
4 säuerliche Äpfel (z. B. Elstar)
2 EL Zitronensaft
70 g Zucker
1 TL Zimtpulver
½ TL Ingwerpulver
Salz
50 ml trockener Weißwein
1 EL Speisestärke

Zimtcreme
200 g schnittfester Seidentofu (aus dem Asia-Shop)
50 g Zucker
1 Pck. Vanillezucker
2 EL Zitronensaft
½ TL Zimtpulver
Salz
100 g vegane Schlagcreme
1 Pck. Sahnestandmittel

Pekan-Karamell
50 g Pekannusskerne
50 g Zucker
100 g Pflanzencreme
Salz

Tacos
Öl zum Frittieren
50 g Zucker
½ TL Zimtpulver
8 kleine Weizen- oder Mais-Tortillas (15 cm Ø)

Für das Apfelkompott die Äpfel vierteln und die Kerngehäuse entfernen. Die Apfelviertel schälen und in kleine Würfel schneiden. In einem Topf mit 125 ml Wasser, Zitronensaft, Zucker, Zimt, Ingwer und 1 Prise Salz zum Kochen bringen und bei mittlerer Hitze etwa 6 Minuten einkochen lassen. Dann den Wein mit der Speisestärke verrühren und dazugießen. Weitere 2 Minuten dicklich einkochen lassen. Vom Herd nehmen und lauwarm abkühlen lassen.

Für die Zimtcreme den Seidentofu abtropfen lassen und mit Zucker, Vanillezucker, Zitronensaft, Zimt sowie 1 Prise Salz glatt mixen. In einem Rührbecher die vegane Schlagcreme leicht anschlagen, dann das Sahnestandmittel unter Rühren einrieseln lassen und die Creme vollständig steif schlagen. Die steife Schlagcreme unter die Tofumasse heben. Bis zur Verwendung kühl stellen.

Für den Pekan-Karamell die Pekannüsse grob hacken. Den Zucker mit 70 g Pflanzencreme und den Pekannüssen in einem Topf erhitzen und rühren, bis ein hellbrauner Karamell entstanden ist. Vom Herd nehmen und die restliche Schlagcreme unterrühren. Mit Salz leicht salzig abschmecken.

Für die Tacos 5 cm hoch Öl in einem Topf (mindestens 16 cm Durchmesser) erhitzen. Den Zucker auf einem Teller mit dem Zimt mischen. Die Tortillas mit einer Gabel mehrfach einstechen. Nacheinander im heißen Fett hellbraun und knusprig frittieren, dabei einmal wenden. Mit dem Schaumlöffel herausheben, kurz abtropfen lassen, über einen Holzlöffelstiel legen und zur typischen Tacoshell-Form aushärten lassen. Anschließend im Zimtzucker wenden. Auf diese Weise alle Tacos vorbereiten.

Zum Servieren die Tacos mit Apfelkompott füllen, die Zimtcreme daraufgeben und zuletzt mit dem Karamell toppen. Vorsichtig aus der Hand genießen.

Vanille-Pancakes

mit Beerengrütze

4 Personen 40 min

Beerengrütze
450 g gemischte Beeren (z.B. Johannisbeeren, Blaubeeren, Brombeeren)
200 g Himbeeren
2 EL Holunderblütensirup
50 g Zucker
1 ½ EL Speisestärke

Vanille-Pancakes
175 g Weizenmehl (Type 405)
2 TL Backpulver
2 EL Zucker
Salz
200 g Seidentofu
200 ml Pflanzendrink
½ EL Öl
2 TL Vanilleextrakt

Außerdem
4–6 EL Öl zum Braten
1 EL Puderzucker

Für die Beerengrütze die Beeren waschen und abtropfen lassen, falls nötig von den Stielen lösen und Blütenansätze entfernen. Die Himbeeren in einem Topf mit 125 ml Wasser, Holunderblütensirup, Zucker und Speisestärke fein pürieren und anschließend zum Kochen bringen. Kurz köcheln, bis die Sauce andickt. Die gemischten Beeren dazugeben und nochmals kurz aukochen. Anschließend vom Herd nehmen und lauwarm abkühlen lassen.

Für die Vanille-Pancakes in einer Schüssel Mehl, Backpulver, Zucker und ½ TL Salz mischen. In einer weiteren großen Schüssel den Tofu mit dem Pflanzendrink, dem Öl und dem Vanilleextrakt glatt mixen, dann die Mehlmischung unterrühren. Der Teig sollte dickflüssig sein. Den Teig 10 Minuten quellen lassen.

2 EL Öl in einer großen beschichteten Pfanne erhitzen. 6 kleine Portionen Teig hineingeben und die Pancakes bei nicht zu starker Hitze backen, bis die Unterseite leicht gebräunt ist. Vorsichtig wenden und knusprig braun backen. Die Pancakes auf Küchenpapier etwas abtropfen lassen. Den kompletten Teig auf diese Weise verarbeiten. Insgesamt werden es 12 bis 16 Pancakes.

Zum Servieren die Pancakes auf Tellern anrichten und mithilfe eines feinen Siebs mit dem Puderzucker bestäuben. Mit der Beerengrütze beträufeln und servieren.

Der Teig ist zu flüssig?

Je nach Konsistenz des Seidentofus kann der Teig sehr flüssig geraten. Dann einfach zwei zusätzliche Esslöffel Mehl hinzufügen und den Teig nochmals kurz quellen lassen.

Beim American Breakfast gehören Pancakes einfach dazu. Dort werden sie gerne mit Sirup serviert. Die fluffigen Pfannkuchen werden häufig mit Vanille oder Zimt aromatisiert und kommen meist „plain white" daher. Doch lassen sie sich auch wunderbar variieren, indem man noch 2 EL Kakaopulver, gehackte Nüsse, Hagelzucker, Mohn oder fein gewürfelten kandierten Ingwer unter den Teig mischt.

Creamy Banana-Crumble

mit Chia und Schokolade

4 Personen | 15 min | 20 min Backen

Chia-Streusel
50 g Dinkelmehl (Type 630)
20 g Haferflocken
30 g brauner Zucker
1 TL Chiasamen
Salz
50 g Margarine

Tofu-Bananen-Creme
2 mittlere Bananen
100 g (gepresster) Seidentofu
3 Pck. Bourbon-Vanillezucker
½ EL Speisestärke
1 EL Limettensaft
Salz
Kala Namak

Außerdem
4 EL backstabile vegane Chocolate Chunks (Zartbitter)
1 TL Puderzucker

4 ofenfeste Portionsförmchen

Für die Chia-Streusel in einer Schüssel Mehl, Haferflocken, Zucker, Chiasamen und 1 Prise Salz mischen. Die Margarine in einem Topf schmelzen und vom Herd nehmen.

Die trockene Zutatenmischung dazugeben und alles zu Streuseln mischen, dazu nicht kneten, sondern den Teig zwischen den Fingern reiben. Den Backofen auf 220 °C Ober-/Unterhitze vorheizen.

Für die Tofu-Bananen-Creme die Bananen schälen, 100 g abwiegen und klein schneiden. Mit Tofu, Vanillezucker, Speisestärke, Limettensaft, 1 kleinen Prise Salz und 1 Miniprise Kala Namak fein pürieren. Die Creme auf vier ofenfeste Portionsförmchen verteilen.

Die restliche Banane in Scheiben schneiden und darauf verteilen. Die Chocolate Chunks darüberstreuen. Alles mit den Streuseln bedecken und im Backofen auf der mittleren Schiene 20 Minuten backen. Herausnehmen und einige Minuten abkühlen lassen.

Zum Servieren den Crumble mit Puderzucker bestäuben.

Einfach variieren

Richtig genial schmeckt der Crumble als „Banoffee-Crumble" mit veganer Dulce de Leche. Dafür 200 ml Kokosmilch, 80 g Zucker, 1 TL Vanille-Extrakt und 1 Prise Salz in einem Topf bei nicht zu starker Hitze auf die Hälfte einkochen lassen und anschließend lauwarm abkühlen lassen. Anschließend den Karamell über den Crumble träufeln.

Limetten-Kokos-Cheesecake

mit Knusperboden

1 Kuchen (à 28 cm Ø) 30 min 70 min Backen + 16 std Kühlen + 12 std Einweichen

Tofu-Kokos-Masse
100 g Cashewkerne
2 Bio-Limetten
40 g Speisestärke
60 ml Sojadrink
100 g Kokosmus
600 g schnittfester Seidentofu (aus dem Asia-Shop)
100 g Zucker
1 TL Vanilleextrakt
Salz
Kala Namak

Teig
250 g Haferflocken (blütenzart)
150 g Kokosraspel
150 g Banane (geschält gewogen)
2 EL Chiasamen
80 g Ahornsirup
40 g Zucker
Salz

Guss
300 ml gelber Fruchtsmoothie
1 EL Limettensaft (von den Limetten)
1 TL Agar-Agar-Pulver

Springform 28 cm Ø | Backpapier

Toppingideen

Beim Topping habt ihr freie Wahl. Probiert doch mal frische Himbeeren und Kokoschips.

Für die Tofu-Kokos-Masse 2 Tage vor dem geplanten Genuss die Cashewkerne in einer Schüssel mit reichlich Wasser bedecken und zugedeckt über Nacht einweichen.

Am nächsten Tag für den Teig Haferflocken und Kokosraspel in der Küchenmaschine fein zermahlen. Banane, Chiasamen, Ahornsirup, Zucker und ½ TL Salz dazugeben und alles zu einem glatten Teig verkneten. Den Teig auf Backpapier auf einen Kreis von etwa 38 cm Durchmesser ausrollen und den Rand rundherum etwa 5 cm nach innen klappen. Das Backpapier in den Boden einer beschichteten Springform einspannen. Dabei aus dem eingeklappten Teig einen 5 cm hohen Rand formen. Mit einer Gabel rundherum Rillen in den Rand drücken.

Für die Tofu-Kokos-Masse die Cashewkerne in ein Sieb abgießen. Die Limetten heiß waschen und mit einem sauberen Küchentuch trocken reiben. Die Schale fein abreiben und den Saft auspressen. Die Speisestärke mit dem Sojadrink glatt rühren. Das Kokosmus in einem Topf erwärmen, sodass es sich verflüssigt. Den Tofu etwas abtropfen lassen.

Die Cashewkerne mit der angerührten Speisestärke im Standmixer fein cremig pürieren. Dann Kokosmus, Tofu, Zucker, Vanillextrakt, Limettenschale sowie 5 EL Limettensaft dazugeben und alles glatt mixen. Mit 2 Prisen Salz und 1 kleine Prise Kala Namak würzen.

Die Tofu-Kokos-Masse auf dem Teig in der Sprinform verteilen und glatt streichen. Im Backofen auf der mittleren Schiene 60 bis 70 Minuten backen, bis der Teig leicht gebräunt und die Masse gestockt ist. Dabei nach 40 bis 50 Minuten mit Backpapier oder Alufolie abdecken, damit die Oberfläche nicht zu dunkel wird.

Den Cheesecake im geöffneten Ofen langsam abkühlen lassen. Dann herausnehmen und vollständig auskühlen lassen. Das dauert bis zu 4 Stunden.

Für den Guss 100 ml Smoothie und den Limettensaft in einem Topf mit dem Agar-Agar glatt rühren und unter Rühren kurz aufkochen. Vom Herd nehmen und den restlichen Smoothie einrühren. Den Guss auf dem Kuchen verteilen. Den Kuchen zugedeckt mindestens 12 Stunden, am besten über Nacht kühl stellen. Am nächsten Tag in Stücke schneiden und servieren.

Traut Euch! Die Produktion von Tofu und Tempeh gelingt auch zuhause mit ein wenig Know-how perfekt. Während Tofu fix einsatzbereit ist, ist beim Tempeh allerdings Geduld gefragt …

DIE MANU-FAKTUR

GRUNDREZEPTE FÜR TOFU, TEMPEH & MEHR

Wer zu Hause unter die Tofu- und Tempehproduzenten gehen und seine eigene kleine Privatmanufaktur gründen möchte, braucht ein wenig Zubehör. Ein Großteil davon ist glücklicherweise in jedem gut sortiertem Haushalt bereits vorhanden.

Die wichtigsten Utensilien

Für die Tofuproduktion

Die Tofuproduktion startet mit dem Einweichen der Sojabohnen. Dafür benötigen wir einfach einen ausreichend großen Behälter nach Wahl. Anschließend werden die Bohnen sehr fein püriert. Dafür brauchen wir einen **Standmixer (1)** mit starker Leistung. 600 Watt sind das absolute Minimum. Hochleistungsmixer haben zum Teil über 2000 Watt Leistung. Damit ist ein feineres Püriergebnis möglich, was zu einem höheren Eiweißanteil in der ausgepressten Sojamilch und damit auch zu einer besseren Tofuausbeute führt. Nach dem Mixen wird die Soja-Mixtur ausgepresst. Dafür wird ein **Küchensieb (2)** mit einem **Passiertuch (3)** ausgelegt und über einen **Topf (4)** gehängt. Die Soja-Mixtur wird portionsweise in das Sieb gegossen und passiert. Der zurückbleibende feste Anteil (Okara) wird mit Hilfe des Passiertuchs kräftig ausgedrückt – dabei kann auch ein **Kartoffelstampfer (5)** behilflich sein – und anschließend zur Aufbewahrung in eine verschließbare Box gefüllt, dann bis zur Verwendung kühl gestellt oder eingefroren. Die passierte Milch wird nun im Topf ausreichend lange erhitzt (siehe Anleitung Seite 151), dabei mit einem **Holzspatel oder -löffel (6)** gerührt, damit das Eiweiß nicht am Topfboden anlegt. Unbedingt benötigt werden nun Gerinnungsmittel, nämlich **Nigari (Magnesiumchlorid)** oder **Gypsum (Calciumsulfat) (7)**, um das Eiweiß verklumpen zu lassen. Diese sind als Kristalle oder Pulver im Naturkosthandel und im Internet erhältlich. Das Gerinnungsmittel nach Wahl (meist Nigari) wird mit Wasser angerührt und bei einer bestimmten Temperatur in die Flüssigkeit gegeben. Nach einigen Minuten koaguliert das Eiweiß und trennt sich von der Flüssigkeit ab. Nun kommt die **Tofupresse (8)** zum Einsatz. Diese gibt es in verschiedenen Ausführungen als Holz-, Plastik- oder Edelstahlform, am besten auch über das Internet. Die Form wird ebenfalls mit einem Passiertuch ausgelegt. Das koagulierte Eiweiß wird nun mit einem **Schaumlöffel (9)** herausgehoben und in die Form gefüllt, schließlich mit dem Tuch abgedeckt und je nach gewünschtem Ergebnis verschieden lange gepresst.

Für die Tempehproduktion

Vergleichsweise wenig Zubehör wird bei der Produktion von Tempeh benötigt: In einem **Topf (4)** wird nach eventuellem Einweichen zunächst die Tempehbasis (etwa Sojabohnen) gekocht und tropft anschließend gründlich in einem **Sieb (2)** ab. Um die Feuchtigkeit von der Oberfläche zu entfernen, kann die Tempehbasis noch auf einem Küchentuch getrocknet werden. Anschließend wird sie in eine Schüssel umgefüllt und mit Apfelessig gemischt, damit der pH-Wert sinkt. **Reismehl** und **Tempehstarter (10)** werden untergemischt. Letzterer ist ebenfalls am einfachsten über das Internet erhältlich. Die Mischung kann nun in **Glasbehälter (11)** oder **perforierte Gefrierbeutel** umgefüllt werden und muss reifen. Dafür wird eine konstante Temperatur von 28 bis 33 °C benötigt. Diese wird mit einem **Küchenthermometer (12)** kontrolliert. Ein passender „Reiferaum" kann ein Trockenofen sein, ein medizinischer Inkubator oder der Backofen, bei dem lediglich das Licht angeschaltet wird. Gegebenenfalls auch noch ein Tuch in die Ofentür klemmen, damit überschüssige Wärme abgeleitet werden kann. Auch eine Styroporbox, die mit einer Wärmflasche ausgelegt wird, kann die richtige Temperatur halten. Hier muss man auf jeden Fall ein wenig experimentieren.

8
2
7
5
9
4
1
6
10
3
12
11

Zutaten

250 g geschälte Sojabohnen (getrocknet)
2 Prisen Salz
1 EL Nigari

Zubehör

2 große Schüsseln
Sieb oder Durchschlag
Hochleistungsmixer
Passiertuch oder Nussmilchbeutel
1 großer Topf mit Deckel
Küchenthermometer
Holzspatel
Tofupresse samt Passiertuch
feiner Schaumlöffel
ggf. Vorratsbehälter (1 l) aus Glas mit Plastikdeckel

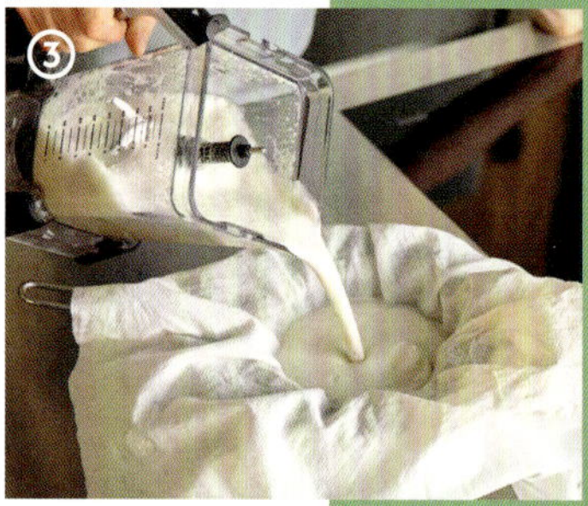

Trouble-Shooting Tofu

Vielfach wird empfohlen, die pürierten Bohnen erst zu kochen und dann zu passieren. Das hat in der Praxis einige Nachteile. Durch das in der Sojabohnenmasse enthaltene Okara brennt die Masse trotz ständigem Rühren schnell an, was den Geschmack verändert und für hartnäckige Krusten im Topf sorgt. Außerdem ist das folgende Passieren schwierig, da die Masse zum einen heiß ist und zum anderen schnell die feinen Poren des Passiertuchs verstopft.

Wer Hands-on ist und gerne in der Küche werkelt, hat hier vielleicht ein neues Hobby gefunden. Denn die Tofuproduktion zuhause ist zwar echte Handarbeit, sorgt aber mit einem frischen Tofublock auch für ein sofortiges Erfolgserlebnis.

Tofu-Grundrezept

Schritt 1: Die Bohnen in einer großen Schüssel in reichlich Wasser zugedeckt 12 bis 15 Stunden einweichen. Danach in ein Sieb abgießen.

Schritt 2: Die eingeweichten Bohnen portionsweise mit der doppelten Volumenmenge Wasser im Mixer etwa 1 Minute sehr fein mixen.

Schritt 3: Zum Passieren der Bohnenmasse das Sieb über die zweite Schüssel hängen und mit dem Passiertuch auslegen (alternativ Nussmilchbeutel hineinsetzen). Die Hälfte der Masse hineingießen.

Schritt 4: Das Passiertuch bzw. den Nussmilchbeutel kräftig zusammendrücken und die Flüssigkeit mit viel Kraft herauspressen, bis nichts mehr nachkommt. Das kann einige Minuten dauern.

Schritt 5: Das Passiertuch ausleeren und alle eingeweichten Bohnen auf diese Weise verarbeiten. Den Pressrest (Okara, siehe Seite 152) aufbewahren und für andere Rezepte verwenden (zum Beispiel Seite 97 und 99). Wichtig: Noch nichts probieren, da rohe Sojabohnen nicht für den Verzehr geeignet sind.

Schritt 6: Die rohe Sojamilch in einen großen Topf füllen, 2 Prisen Salz dazugeben und unter Rühren auf 80 bis 90 °C (Speisethermometer) erhitzen. Die Sojamilch knapp unter dem Siedepunkt 15 Minuten erhitzen, dabei regelmäßig mit dem Spatel rühren und über den Topfboden fahren, damit die Milch nicht ansetzt und sich auf der Oberfläche keine Haut bildet.

Schritt 7: Die Nigariflocken mit 50 ml warmem Wasser anrühren, bis sie sich aufgelöst haben.

Schritt 8: Den Topf vom Herd nehmen und die Sojamilch auf 75 °C (Speisethermometer) abkühlen lassen. Dabei immer wieder mit dem Holzspatel rühren.

Schritt 9: Sobald die Zieltemperatur erreicht ist, die Hälfte der Nigari-Lösung unterrühren. Den Topf wieder auf die noch warme, aber ausgeschaltete Herdplatte setzen. Zugedeckt 5 Minuten ruhen lassen. In dieser Zeit sollte das Bohneneiweiß bereits Klumpen bilden und sich klare Flüssigkeit absetzen. Dann die restliche Nigari-Lösung unterrühren und alles zugedeckt weitere 10 Minuten ruhen lassen.

Schritt 10: Die Tofupresse vorbereiten und mit dem beigelegten Passiertuch auslegen. Den Tofubruch nun nach und nach mit dem Schaumlöffel aus der Flüssigkeit heben und in die Tofupresse füllen. Auf diese Art den gesamten Tofubruch in die Presse transferieren.

Schritt 11: Das Passiertuch über den noch sehr weichen Tofu falten und die Tofupresse je nach Modell arretieren. Gegebenenfalls über einen Zeitraum von mindestens 30 Minuten immer wieder den Druck erhöhen. Alternativ unter Druck über Nacht im Kühlschrank ruhen lassen und gelegentlich die austretende Flüssigkeit abgießen.

Den fertigen Tofu sofort verwenden oder für die Lagerung vorbereiten. Dafür den Tofu aus der Presse nehmen und in den Vorratsbehälter legen. Eine Salzlake vorbereiten. Dafür pro 500 ml Wasser 10 g Salz darin auflösen. So viel Lake über den Tofu gießen, dass er vollständig bedeckt ist. So ist er im Kühlschrank etwa eine Woche haltbar. Alternativ den Tofu ohne Lake bis zu 6 Monate einfrieren.

Tofu-Specials

die ihr probieren müsst

Okara

Nach dem Pürieren der Sojabohnen bei der Tofuproduktion wird die Masse in einem Passiertuch ausgedrückt. Die Flüssigkeit wird zu Tofu verarbeitet, der Pressrest im Passiertuch ist das Okara. Für selbstgemachtes Okara siehe Seite 150/151, Schritt 1 bis 5.

Hier hat sich übrigens wie beim Tofu der japanische Begriff international durchgesetzt. In China heißt der Rückstand „dòuzhā" oder „dòufuzhā", in Korea „biji" oder „kongbiji". Die weißen Fasern sind sehr nährstoffreich und können vielseitig zum Kochen und Backen eingesetzt werden, etwa als Zugabe zu Brotteigen. Da Okara bei der professionellen Tofuproduktion in großen Mengen anfällt und die Nachfrage aktuell noch nicht so groß ist, wird es jedoch meist als Tierfutter verwendet, für die Biogaserzeugung genutzt oder als Bodenverbesserer eingesetzt.

Yuba

Es werden **250 g geschälte Sojabohnen (getrocknet)** und **2 Prisen Salz** benötigt. Schritt 1 und 2 wie beim Tofu-Grundrezept von Seite 150/151 ausführen, dabei etwas weniger Wasser zum Mixen verwenden, damit eine reichhaltige Sojamilch entsteht. Dann die Schritte 3 bis 6 ausführen.

Anschließend die Milch auf zwei weite Töpfe aufteilen und bei schwacher Hitze mithilfe eines Speisethermometers auf 80 bis 85 °C halten, ohne zu Rühren. Dabei bildet sich auf der Oberfläche ein Film.

Sobald diese Haut die gesamte Fläche bedeckt, vorsichtig mit einem Holzstäbchen mittig darunter fahren und sie abheben. Die Tofuhaut auf Teller legen und die Milch weiter auf Temperatur halten, bis die nächsten Häute abgehoben werden können.

Die Tofuhäute etwas zusammenfalten oder -rollen. Frisch genießen, zum Beispiel mit etwas Sojasauce. Oder nach dem Abwaschen komplett trocknen, etwa in einem Trockenofen, und bei Bedarf zubereiten, beispielsweise als Stir-Fry (siehe Seite 100).

Eiertofu

Für etwa 350 g Eiertofu in einer Schüssel **3 Eier (M)** verquirlen und mit **etwas Salz** würzen, anschließend **200 ml Sojadrink** unterrühren.

Den Backofen auf 200 °C Ober-/Unterhitze vorheizen. 4 runde ofenfeste Förmchen (à 8–10 cm ∅) mit **etwas Öl** einpinseln.

Die Eier-Soja-Mischung durch ein Sieb in die Förmchen füllen. Die Förmchen in eine Auflaufform stellen. Heißes Wasser angießen.

Die Auflaufform vorsichtig (es darf kein Wasser in die Schälchen schwappen) auf die mittlere Schiene des heißen Backofens stellen. Die Eier-Soja-Masse im heißen Wasserbad 40 Minuten garen.

Die Auflaufform anschließend aus dem Ofen nehmen und die Förmchen aus dem Wasserbad heben. 10 Minuten abkühlen lassen.

Anschließend den Eiertofu mit einem Messer vorsichtig vom Rand lösen und aus der Form stürzen.

Vollständig auskühlen lassen, dann beliebig weiterverwenden, etwa als Suppeneinlage (siehe Seite 85). In einer verschlossenen Vorratsbox im Kühlschrank hält sich der Eiertofu 3 Tage.

Tofu-Abenteuer „Soy-Free"

mit und ohne Hülsenfrüchte

Kichererbsen-Tofu

Für 200 g Tofu **500 g getrocknete Kichererbsen** verwenden, Step 1 bis 5 des Tofu-Grundrezeptes (siehe Seite 150/151) ausführen.

Dann die Milch in einer Schüssel 1 Stunde ruhen lassen, damit sich die Stärke absetzen kann. Anschließend die Milch mit einer Kelle abschöpfen. Die Stärke trocknen und beispielsweise zum Binden von Suppen verwenden.

Step 6 des Tofu-Grundrezeptes ausführen. Beim Erhitzen beginnt das Eiweiß ohne Hilfe zu koagulieren. Nach 15 Minuten vom Herd nehmen, **2 EL Zitronensaft** dazugeben und die Mischung etwas abkühlen lassen.

Step 10 des Grundrezeptes ausführen. Da die Eiweißstückchen viel feiner als bei Sojabohnen-Tofu sind, die Tofupresse dabei zunächst in einen Durchschlag über einer Schüssel stellen und mit einer Kelle nach und nach die gesamte eiweißhaltige Flüssigkeit hindurch gießen. Sobald ein Großteil der Flüssigkeit abgeflossen ist, Step 11 durchführen. Den Tofu möglichst über Nacht pressen.

Das Kichererbsen-Okara (die abgesetzte Stärke) zu Falafeln (siehe Seite 99) oder Dumplings (siehe Seite 97) verarbeiten. Die ablaufende Brühe als Suppenbasis verwenden.

Rote-Linsen-Tofu

Für 200 g Tofu **500 g getrocknete rote Linsen** 1 Stunde in ausreichend Wasser einweichen. Dann Step 2 bis 5 des Tofu-Grundrezeptes ausführen.

Anschließend die Milch in eine Schüssel umfüllen, 1 Stunde Stärke absetzen lassen (siehe Kichererbsen-Tofu links).

Step 6 bis 11 des Tofu-Grundrezeptes ausführen, allerdings die Milch in Step 8 nur auf 80 °C abkühlen lassen und statt Nigari **1 EL Gypsum-Pulver** verwenden.

Da die Eiweißstückchen viel feiner als bei Sojabohnen-Tofu sind, beim Pressen vorgehen wie beim Kichererbsen-Tofu links beschrieben.

Das Linsen-Okara (die abgesetzte Stärke) zu Falafeln (siehe Seite 99) oder Dumplings (siehe Seite 97) verarbeiten.

Bei den meisten Hülsenfrüchten wie auch bei Kürbiskernen koaguliert das Eiweiß bei der Zugabe von Nigari oder Gypsum nicht in dem Maße, wie bei Sojabohnen, es entstehen vergleichsweise kleine Eiweißaggregate. Das macht die Tofuproduktion in diesem Fall etwas mühsamer, führt dafür aber zu sehr leckeren Ergebnissen.

Kürbiskern-Tofu

Für 200 g Tofu **450 g Kürbiskerne** verwenden, Step 1 bis 5 des Tofu-Grundrezeptes ausführen. Die Milch in eine Schüssel umfüllen und 30 Minuten ruhen lassen, damit sich etwas Stärke absetzen kann. Danach die Milch mit einer Kelle abschöpfen.

Step 6 des Tofu-Grundrezeptes ausführen. Beim Erhitzen beginnt das Eiweiß ohne Hilfe zu koagulieren. Nur so lange erhitzen, bis sich das Eiweiß von der Flüssigkeit trennt, zur Unterstützung noch **2 EL Zitronensaft** dazugeben. 10 Minuten abkühlen lassen.

Step 10 des Tofu-Grundrezeptes ausführen. Da die Eiweißstückchen viel feiner als bei Sojabohnen-Tofu sind, beim Pressen vorgehen wie beim Kichererbsen-Tofu links beschrieben.

Das Kürbiskern-Okara (die abgesetzte Stärke) beim Brot-, Kuchen- oder Plätzchenbacken unter den Teig mischen oder getrocknet unter Müsli rühren.

Shan-Tofu

Für 650 g Tofu in einem Topf **150 g Kichererbsenmehl** mit **500 ml Wasser, ¼ TL gemahlener Kurkuma** und **¼ TL Salz** mischen. Nach Wunsch noch Gewürze hinzufügen, etwa **1 TL Dukkah, Ras-el-Hanout, Baharat, Curry** oder **Garam Masala**. Die Mischung zum Kochen bringen und unter Rühren bei nicht zu starker Hitze 10 Minuten köcheln.

Eine Vorratsbox aus Glas (1 l) mit etwas Öl einpinseln. Die Masse einfüllen und glatt streichen. Abkühlen lassen. Anschließend die Box verschließen und über Nacht in den Kühlschrank stellen.

Den ausgehärteten Shan-Tofu wie festen Tofu verwenden, etwa anbraten oder knusprig ausbacken.

Auf die gleiche Weise können auch Tofu-Imitate aus anderen Hülsenfrucht-Mehlen hergestellt werden, etwa aus rotem oder gelbem Linsenmehl, grünem Erbsenmehl, Bohnenmehl oder Süßlupinenmehl.

Zutaten
200 g geschälte Sojabohnen (getrocknet)
1 EL Apfelessig
1 EL Reismehl
1 TL Tempeh-Starter

Zubehör
Schüssel
Sieb
Topf
Küchentuch
Zip-TK-Beutel
Nadel
alternativ Vorratsbehälter (1 l) aus Glas mit Plastikdeckel
Ofenthermometer
Backofen/Trockenofen/Inkubator

Trouble-Shooting Tempeh

Wenn der Schimmel nicht wie gewünscht wächst, liegt es meist daran, dass die Temperatur nicht im gewünschten Bereich liegt, die Basis zu feucht ist oder nicht genügend Sauerstoff an den Pilz gelangt. Verfärbt sich das Schimmelgeflecht bereits dunkel, hat schon die Sporenbildung eingesetzt. Das ist eher ein optisches Problem. Der Tempeh ist dann noch essbar. Der Reifungsprozess sollte in dem Fall aber sofort durch Hitze oder Kälte unterbrochen werden (siehe Seite 157).

Eineinhalb bis zwei Tage dauert es schon, bis man einen attraktiven Tempehblock in den Händen halten kann. Viel Arbeit macht die Tempehproduktion dabei aber nicht – und die Ergebnisse sind umso faszinierender.

Tempeh-Grundrezept

Schritt 1: Die Sojabohnen in einer großen Schüssel in reichlich Wasser zugedeckt 12 bis 15 Stunden einweichen. Anschließend in das Sieb abgießen.

Schritt 2: In einem großen Topf reichlich Wasser zum Kochen bringen. Die Bohnen darin etwa 45 bis 60 Minuten bei nicht zu starker Hitze mit schräg aufgelegtem Deckel gar köcheln lassen.

Schritt 3: Die gekochten Bohnen in ein Sieb abgießen und gründlich abtropfen lassen. Anschließend auf einem Küchentuch zum Trocknen auslegen. Die Oberfläche soll richtig trocken sein. Auf Handtemperatur abkühlen lassen.

Schritt 4: Die abgetrockneten Bohnen mit den Händen ganz leicht andrücken, damit der Pilz später besser in sie eindringen kann.

Schritt 5: Die angedrückten Bohnen in eine Schüssel umfüllen. Den Apfelessig dazugeben und alles gut durchmischen.

Schritt 6: Zunächst das Reismehl untermischen, sodass die Bohnen rundum davon überzogen sind, dann den Tempehstarter gründlich unterrühren.

Schritt 7: Die geimpfte Bohnenmasse nun in einen Zip-TK-Beutel füllen.

Schritt 8: Den Beutel im Abstand von 1 cm flächendeckend mit einer Nadel perforieren.

Schritt 9: Die Masse im Beutel zu einem flachen Klotz drücken (maximal 3 bis 4 cm dick). Den Beutel verschließen. Alternativ die Bohnenmasse locker in eine Vorratsbox füllen und leicht andrücken. Den Deckel locker auflegen, sodass noch Luft in die Box gelangt.

Schritt 10: Tempeh an einem warmen Ort bei 28 bis 33 °C (beispielsweise im Backofen, Inkubator oder Trockenofen) etwa 36 Stunden reifen lassen, bis die Bohnen von dem weißen Schimmel komplett durchzogen sind und eine kompakte Masse bilden. Das kann bis zu 48 Stunden dauern. Zwischenzeitlich entstehendes Kondenswasser gelegentlich abwischen.

Den fertigen Tempeh sofort verwenden oder für die Lagerung vorbereiten, indem der Reifeprozess verlangsamt bzw. vollständig unterbrochen wird. Dafür in einer verschlossenen Box für maximal 4 Tage in den Kühlschrank stellen. Oder bis zu 6 Monate einfrieren.

Alternativ den Tempeh 10 Minuten in einem Topf mit Dämpfeinsatz über kochendem Wasser dämpfen oder bei 100 °C Ober-/Unterhitze etwa 20 Minuten im Ofen backen. Auf diese Art wird der Pilz inaktiv und der Tempeh hält sich zugedeckt im Kühlschrank 1 bis 2 Wochen.

Tempeh-Variationen

mit und ohne Hülsenfrüchte

Bohnen-Tempeh

200 g schwarze Bohnen, Pinto-Bohnen oder **grüne Mung-Bohnen** wie im Tempeh-Grundrezept (siehe Seite 157) einweichen und nach Packungsanweisung garen.

Anschließend mit Schritt 3 aus dem Tempeh-Grundrezept von Seite 156/157 fortfahren. Dafür werden **1 EL Apfelessig, 1 EL Reismehl** und **1 TL Tempeh-Starter** benötigt.

Linsen-Cashew-Tempeh

150 g Belugalinsen (getrocknet) in ausreichend Wasser 1 Stunde einweichen. Anschließend abgießen und nach Packungsanweisung garen. **100 g Cashewkerne** halbieren und die letzten 5 Minuten mit den Linsen garen. Vom Herd nehmen.

Anschließend mit Schritt 3 aus dem Tempeh-Grundrezept von Seite 156/157 fortfahren. Dazu werden **1 EL Apfelessig, 1 EL Reismehl** und **1 TL Tempeh-Starter** benötigt.

Kichererbsen-Tempeh

400 g Kichererbsen (Glas, Abtropfgewicht) in ein Sieb abgießen, abspülen und abtrocknen lassen.

Auf einem mit Backpapier ausgelegten Rost im Backofen bei 120 °C Umluft auf der mittleren Schiene 10 Minuten trocknen. Herausnehmen und auf Handtemperatur abkühlen lassen.

Anschließend mit Schritt 4 aus dem Tempeh-Grundrezept von Seite 156/157 fortfahren. Dafür werden **1 EL Apfelessig, 1 EL Reismehl** und **1 TL Tempeh-Starter** benötigt.

Hirse-Tempeh mit Kernen

150 g Hirse in einem Topf mehrfach gründlich waschen, bis das abfließende Wasser klar bleibt. Die Hirse nach Packungsanweisung garen, dabei in den letzten 5 Minuten **80 g Salatkernemix** dazugeben und mitgaren. Vom Herd nehmen.

Anschließend mit Schritt 3 aus dem Tempeh-Grundrezept von Seite 156/157 fortfahren. Achtung: Schritt 4 auslassen! Es werden dafür **1 EL Apfelessig, 1 EL Reismehl** und **1 TL Tempeh-Starter** benötigt. Die Reifezeit kann hier variieren. Nach etwa 32 bis 40 Stunden ist der Tempeh gereift.

Quinoa-Chia-Tempeh

200 g Quinoa in einem Topf mehrfach gründlich waschen, bis das abfließende Wasser klar bleibt. Nach Packungsanweisung garen, dabei in den letzten 2 Minuten **2 EL Chiasamen** dazugeben und mitgaren. Vom Herd nehmen.

Anschließend mit Schritt 3 aus dem Tempeh-Grundrezept von Seite 156/157 fortfahren. Achtung: Schritt 4 auslassen! Es werden dafür **1 EL Apfelessig, 1 EL Reismehl** und **1 TL Tempeh-Starter** benötigt. Die Reifezeit kann hier variieren. Nach etwa 32 bis 40 Stunden ist der Tempeh gereift.

Dinkel-Tempeh

150 g Dinkel über Nacht in ausreichend Wasser einweichen. Am nächsten Tag das Einweichwasser abgießen und den Dinkel nach Packungsanweisung richtig weich garen.

Anschließend mit Schritt 3 aus dem Tempeh-Grundrezept von Seite 156/157 fortfahren. In Schritt 4 den Dinkel zwischen zwei Geschirrtüchern mit einem Topfboden andrücken. Es werden dafür **1 EL Apfelessig, 1 EL Reismehl** und **1 TL Tempeh-Starter** benötigt. Die Reifezeit kann variieren zwischen 32 und 40 Stunden.

Räuchern und Fermentieren

von Tofu und Tempeh

Tofu und Tempeh fakeräuchern

Für zu Hause gibt es eine im Vergleich zum echten Räuchern einfachere Methode. Dafür werden Tofu und Tempeh in einer Marinade mit Liquid Smoke eingelegt und anschließend im Ofen gebacken. Der Fake-Räuchertofu oder -Räuchertempeh schmeckt einfach wunderbar!

Für 200 g Räuchertofu oder -tempeh zunächst die Marinade herstellen. Dafür **3 EL Ketjap Manis** (süße dickflüssige Sojasauce aus Indonesien), **1 EL Liquid Smoke** (z. B. Hickory Flavour), **2 TL Knoblauchpulver** und **1 EL Wasser** glatt rühren und mit **etwas Salz** würzen.

200 g festen Tofu (nach Wunsch auch weicheren Tofu) waagerecht halbieren. Den Tofu in die Marinade legen und zugedeckt im Kühlschrank über Nacht marinieren, dabei hin und wieder wenden. Alternativ **200 g Tempeh** in 1 bis 2 cm dicke Scheiben schneiden und auf die gleiche Weise marinieren.

Backofen auf 180 °C Ober-/Unterhitze vorheizen. Tofu / Tempeh aus der Marinade nehmen und in einer ofenfesten Form etwa 25 Minuten backen, dabei nach 12 Minuten nochmal mit Marinade bestreichen. Herausnehmen und abkühlen lassen. Wie klassischen Räuchertofu bzw. -tempeh verwenden.

Fermentierter Tofu „Feta-Style"

Durch das milchsaure Fermentieren mit Zwiebeln und Knoblauch erhält Tofu ein fantastisches Feta-Aroma und verfeinert auf diese Art beispielsweise mediterrane Salate. Wer mag, kann ihn nach dem Fermentieren noch mit Kräutern, getrockneten Tomaten, Zitronenschale und Chili in Olivenöl einlegen (siehe Seite 162). So wird er ein tolles Mitbringsel für ein veganes Büfett.

Für Tofu-Feta (ein ähnliches Produkt ist im Handel als „Feto" erhältlich) benötigen wir ein Einmachglas mit Glasdeckel (à 1 l, z.B. ein Weckglas), alternativ ein entsprechend großes Bügelglas.

1 rote Zwiebel schälen und in Spalten schneiden. **2 Knoblauchzehen** schälen und in Scheiben schneiden. **200 g mittelfesten oder festen Tofu** in Würfel schneiden. Alles mit **1 TL schwarzen Pfefferkörnern** in das Einmachglas füllen.

Für die Salzlake **15 g Salz** in **500 ml Wasser** auflösen. So viel Lake in das Glas gießen, dass Tofu und Gemüse vollständig bedeckt sind. Sollte die Lake aufgrund von Größe und Form des Glases nicht ausreichen, zusätzliche Lake mit dem selben Verhältnis von Wasser und Salz herstellen. Damit Tofu und Co. unter der Oberfläche bleiben, gibt es spezielle Fermentiergewichte, meist reicht aber auch ein kleines flaches Schälchen zum Beschweren aus. Den Deckel locker auflegen bzw. das Bügelglas verschließen.

Das Glas auf einen tiefen Teller an einen zimmerwarmen dunklen Ort stellen und 7 bis 10 Tage fermentieren lassen. Durch natürlich vorhandene Milchsäurebakterien entsteht in dieser Zeit ein säuerliches Aroma. Da bei diesem Prozess Gase entstehen, kann das Bügelglas unter Druck stehen. Dieses also jeden Tag einmal öffnen. Es kann zudem passieren, dass die Flüssigkeit überläuft. Überlaufende Flüssigkeit gelegentlich vom Teller abgießen. Sobald der Fermentierungsprozess abgeschlossen ist, das Glas in den Kühlschrank stellen und Gemüse und Tofu bei Bedarf entnehmen. Auf diese Weise ist der Tofu einige Wochen haltbar.

Fermentierter Tofu auf japanische Art

200 g mittelfesten oder festen Tofu waagerecht in zwei Scheiben schneiden. Es werden **4 TL Shio-Koji** (traditionelle japanische Marinade und Würzsauce) benötigt.

1 TL Shio-Koji in eine Vorratsbox aus Glas geben, dann eine Scheibe Tofu darauflegen. Auf der Oberseite ebenfalls 1 TL Shio-Koji verteilen. Die zweite Tofuscheibe genauso behandeln und daneben legen.

Die Box verschließen und den Tofu im Kühlschrank 2 bis 7 Tage fermentieren. Durch das Shio-Koji wird der Tofu weicher, reich an Umami und erhält zudem eine angenehm süßliche Note.

Marinaden

für tasty Tofu

Feta-Style mediterran

200 g Feta-Style fermentierten Tofu (siehe Seite 160/161) aus der Lake nehmen und mit Küchenpapier trocken tupfen.

4 getrocknete Tomaten in ein sauberes Schraubglas geben. **2 Knoblauchzehen** schälen, in Scheiben schneiden und dazugeben. **1 Bio-Zitrone** heiß waschen und mit einem sauberen Küchentuch trockenreiben. Zwei dünne Streifen Schale abschneiden. Nach Wunsch **1 milde rote Chilischote** waschen, abtrocknen und in Ringe schneiden.

Den Knoblauch, die Zitronenschale und gegebenenfalls die Peperoni mit dem Tofu in das Glas geben. **1 Zweig Rosmarin** und **2 Zweige Oregano** waschen und trocken tupfen, die Nadeln bzw. Blätter abzupfen und ebenfalls in das Glas füllen.

Mit Olivenöl auffüllen, sodass alles bedeckt ist und das Glas verschließen. Mindestens 1, besser 2 bis 3 Tage zugedeckt kühl stellen. Dann zügig aufbrauchen und den Tofu als Snack essen, etwa zum herzhaften Abendbrot, beim Picknick oder beim Grillen.

Afrikanische Erdnuss-Marinade

1 Schalotte, 2 Knoblauchzehen und **1 Scheibe Ingwer** schälen und in grobe Würfel schneiden. Mit **2 EL Erdnusskernen, 2 EL edelsüßem Paprikapulver, 1 TL Cayennepfeffer, 1 EL Zitronensaft, 1 EL Ahornsirup** sowie **1 TL gemahlenem Pfeffer** in den Blitzhacker geben. Kräftig mixen. **4 EL Olivenöl** hinzufügen und alles zu einer feinen Marinade mixen. Mit **Salz** würzen.

400 g gefrorenen und wieder aufgetauten Tofu kräftig ausdrücken und in Streifen schneiden. In eine Auflaufform legen, rundherum mit der Marinade bestreichen und mindestens 30 Minuten marinieren. Anschließend den Backofen auf 200 °C Ober-/Unterhitze vorheizen. Die Tofustreifen in einer ofenfesten Form auf der mittleren Schiene 20 Minuten backen. Dann wenden und 10 Minuten fertig backen.

Der Einfriertrick

Wird Tofu eingefroren, dehnt sich das darin enthaltene Wasser als Eis aus und bildet kleine Zwischenräume. Diese bleiben auch nach dem Auftauen erhalten. Der Tofu lässt sich dadurch leichter auspressen und kann anschließend jegliche Form von Marinade viel besser aufnehmen.

Mexikanische Ananas-Marinade „al pastor"

60 g Ananasfruchtfleisch klein schneiden. **½ Bio-Orange** und **1 Bio-Limette** auspressen. **2 Knoblauchzehen** schälen und in grobe Würfel schneiden.

Mit der klein geschnittenen Ananas, **1 TL getrocknetem Oregano, 1 TL Chili-** und **½ TL Chipotle-Chilipulver, ½ TL gemahlenem Kreuzkümmel, 1 TL Rohrohrzucker** und **1 EL Weißweinessig** fein pürieren. Mit **Salz und Pfeffer würzen**, sodass die Marinade kräftig salzig schmeckt.

600 g gefrorenen und wieder aufgetauten Tofu kräftig ausdrücken. Dann waagerecht in Scheiben schneiden und diese einmal halbieren. Den Tofu samt Marinade in einen Plastikgefrierbeutel geben, den Beutel verschließen und die Marinade durch Wenden des Beutels gut um die Tofustücke verteilen. Im Kühlschrank über Nacht durchziehen lassen, dabei ein- bis zweimal in der Marinade wenden.

Am nächsten Tag den Backofen auf 180 °C Ober-/Unterhitze vorheizen. Den Tofu samt Marinade aus dem Gefrierbeutel holen und in eine Auflaufform legen. Im Ofen auf der mittleren Schiene 1 Stunde garen, dabei mehrmals mit Sonnenblumen-, Erdnuss- oder Olivenöl einpinseln und mindestens einmal wenden.

Rezeptverzeichnis

Vegetarische Rezepte

Vegane Rezepte

Know-how Tofu und Tempeh

Grundrezepte

Marinaden für Tofu

ZUM AUTOR

Martin Kintrup lebt auf einem Bauernhof am Stadtrand von Münster. Seit 20 Jahren arbeitet er nun schon erfolgreich als Autor, inzwischen auch als Foodstylist. In dieser Zeit sind von ihm über 60, teils preisgekrönte Kochbücher erschienen. Sein Markenzeichen: kreative, würzige und kräuterfrische Rezepte, inspiriert durch den eigenen Garten.

HINWEIS

Die Ratschläge in diesem Buch wurden mit größter Sorgfalt von Autor und Verlag erarbeitet und geprüft. Eine Garantie kann jedoch nicht übernommen werden. Ebenso ist eine Haftung des Autors bzw. des Verlags und seiner Beauftragten für Personen-, Sach- oder Vermögensschäden ausgeschlossen.

Weitere Bücher des Autors:

- Reis (978-3-96584-248-9)
- Beinahe vegan (978-3-96584-276-2)
- Die Burger-Formel (978-3-96584-102-4)

IMPRESSUM

Hinter jedem tollen Buch steckt ein starkes Team

Projektleitung: *Sonja Forster*
Texte & Rezepte: *Martin Kintrup*
Lektorat: *Katharina Lisson*
Covergestaltung & grafische Gestaltung: *Katharina Fesl*
Satz: *Claudia Wolff*
Fotografie: *31Media GmbH, Ben Fuchs*
Foodstyling: *31Media GmbH, Max Faber*
Herstellung: *Frank Jansen*
Producing: *Jan Russok*
Druck & Bindung: *Optimal media GmbH*

1. Auflage 2024

Kaiserstraße 14 b
D-80801 München
ISBN: 978-3-96584-367-7

BILDNACHWEIS

Alle Fotos 31Media GmbH, Ben Fuchs, außer: **Shutterstock**/davooda Icon Sanduhr, /k_nastia Icons Uhrzeit, /musmellow Icon Person, /Sudowoodo Icons vegan & vegetarisch, /Angelo Cordeschi 102, /Ek Ing 12, /Elly Suhailee 120, /HiTecherZ 66, /image_vulture 18, /martinxmarie 11, /papucka 36, /Phurinee Chinakathum 90, /Rahmi Mustika Putri 6, /TamuT 7, /Tang Yan Song 52, **Food & Nude Photography, Katarzyna Tasiemska** 164.

FOOD FOTOS

Im Buch enthaltene Fotos können zur eigenen Nutzung erworben werden unter *www.stockfood.de*

LIEBE LESERINNEN, LIEBE LESER,

wie schön, dass Sie ein Buch von ZS in den Händen halten. „Jetzt leben!“ ist das Motto unseres Verlages. Es steht für Genuss und Inspiration, Unterstützung und Motivation. Ob Kulinarik oder Fitness, Gesundheit oder Lebenshilfe – seit über 30 Jahren bieten wir kompetente Ratgeber für (fast) alle Lebenslagen. Wir lieben Tradition genauso wie Innovation – sie treiben uns an. Unsere Autorinnen und Autoren sind Menschen, die zu ihrem Thema wirklich etwas zu sagen und zu schreiben haben. Unsere Produkte sind erzählerisch, appetitmachend und als gedruckte Bücher haptisch echte Erlebnisse. Für Sie mit ganz viel Liebe gemacht! Entdecken Sie mehr aus unserer wunderbaren Welt!

UNSER VERLAGSHAUS

Mit Standorten in Hamburg und München zählt die Edel Verlagsgruppe zu den größten unabhängigen Buchanbietern Deutschlands. Zur Gruppe gehören die Verlage Dr. Oetker Verlag, Edel Sports, KARIBU und ZS.

ZS – Ein Verlag der Edel Verlagsgruppe
www.zsverlag.de
www.facebook.com/zsverlag
www.instagram.com/zsverlag

FÜR DIE UMWELT

ZS unterstützt bei der Produktion dieses Buches das Projekt „Junge Riesen für die nächsten 100 Jahre“ im Naturpark Nossentiner/Schwinzer Heide. Damit wird ein Anteil der unvermeidbaren CO_2-Emissionen im direkten Umfeld des Produktionsstandortes kompensiert.

PARTNER
Naturpark
Nossentiner / Schwinzer Heide
www.optimal-media.com/naturschutzprojekt-001

NEWSLETTER

Was koche ich heute Feines? Und wie geht das – schmackhaft und gesund?

Melden Sie sich jetzt zum ZS-Genuss-Service an und verpassen Sie keine kulinarischen und gesundheitlichen Trends mehr.
Wir informieren Sie regelmäßig über unsere Neuerscheinungen, Aktionen oder Gewinnspiele und verraten Ihnen unsere Lieblingsrezepte!

GEWINNEN

Unter allen Neuabonnierenden verlosen wir jeden Monat eine *ZS-Genuss-Box* im Wert von 75,00 €.

Jetzt anmelden unter:
www.zsverlag.de/newsletter
oder den QR Code scannen:

ANMELDEN!

Meine Bücher
Aktuell befinden sich keine Bücher in deiner Bibliothek. Bitte füge deine Bücher über das Plus hinzu.
Rezeptsuche
Kartoffelgratin
Pfeffersteak mit Kartoffelgratin und geschmorten Möhren
Bayern – Das Kochbuch
S. 218
Klassisches Kartoffelgratin
Stark gegen Schmerzen – Rezepte für deine Gesundheit
S. 75
Kartoffelgratin neu interpretiert
Merkliste
Alle gemerkten
Pfeffersteak mit Kartoffelgratin
Bayern – Das Kochbuch
S. 218
Gemüselasagne
S. 64
Ofengemüse
Bayern – Das Kochbuch
S. 12

Rezept Scout